U0789030

（元）劉一清 撰

錢塘遺事

國家圖書館出版社

錢溥遺書

（八）楊一清撰

國家圖書館出版社

據國家圖書館藏清乾隆五十一年刻本影印原書版框高十九點三厘米寬十四點六厘米

據國家圖書館藏清乾隆五十一年鈔本影印原書版框高十九點三厘米寬十四點六厘米

序言

錢塘之名，歷史悠久。《史記》記載，秦始皇曾『渡海渚，過丹陽，至錢唐，臨浙江』。秦設錢唐縣，屬會稽郡，即今杭州前身。南朝陳禎明元年（五八七），一度設置錢唐郡。隋初，廢郡設杭州，下轄錢唐等六縣，大業初改爲餘杭郡。唐以後，漸稱『錢塘』。明田汝成《西湖遊覽志餘》：『錢塘之名，劉道真云：「唐元和中，功曹華信議立此唐，以防海水，募有能致土一斛者與千錢，來者雲集。俄云不復用矣，民皆弃去，而唐成，故名錢唐。」《世説》又云：「晉時沈姓者令錢唐，詭民致土築唐，而錢實不給。

錢塘之名，歷史悠久。《史記》記載，秦始皇曾「渡海渚，過丹陽，至錢唐，臨浙江」。秦設錢唐縣，屬會稽郡，即今杭州前身。南朝陳禎明元年（五八七），一度設置錢唐郡。隋初，廢郡設杭州，下轄錢唐等六縣。大業初改為餘杭郡。唐以後，漸稱「錢塘」。明田汝成《西湖遊覽志餘》：「錢塘之名。劉道真云：「唐元和中，功曹華信議立此唐，以防海水。募有能致土一斛者與千錢，來者雲集。棄之不復用矣，民皆弃去，而唐成，故名錢唐。」《世說》又云：「晉時沈姓者分錢唐，諸民致土築唐，而錢實不給。

至唐時，避國號，加土於唐，改稱錢塘。」「宋趙彥衛《雲麓漫鈔》則謂：「自前古以來，居人築塘以備錢湖之水，故曰錢塘。」清何焯言：「錢唐，自秦有此名。以唐爲塘，乃俗字耳。」「錢塘」地理沿革和名稱變化較大。一九一二年，仁和縣與錢塘縣合并爲杭縣。錢塘這一名稱從行政區劃中淡出。二〇二一年，杭州市區劃調整，新成立了錢塘區。

錢塘自古繁華。杭州四季分明，水網密布，地處長江三角洲核心區域，爲江南魚米之鄉，物華天寶之地。杭州良渚文化是中華文明的重要起源地之一。二〇〇三年七月十六日，時任中共浙江省委書記習近平赴良渚調研并出至唐時，避國號，加土於唐，改稱錢塘。」』宋趙彦衛《雲麓漫鈔》則謂：『自前古以來，居人築塘以備錢湖之水，故曰錢塘。』清何焯言：『錢唐，自秦有此名。以唐爲塘，乃俗字耳。』錢塘地理沿革和名稱變化較大。一九一二年，仁和縣與錢塘縣合并爲杭縣，錢塘這一名稱從行政區劃中淡出。二〇二一年，杭州市區劃調整，新成立了錢塘區。

錢塘自古繁華。杭州四季分明，水網密布，地處長江三角洲核心區域，爲江南魚米之鄉、物華天寶之地。杭州良渚文化是中華文明的重要起源地之一。二〇〇三年七月十六日，時任中共浙江省委書記習近平赴良渚調研并作出重要指示：『良渚遺址是實證中華五千年文明史的聖地，是不可多得的寶貴財富，我們必須把它保護好。』隋唐時期，水稻成爲太湖平原的主要糧食作物，農業生産迅速發展，一度出現了所謂『賦出天下，而江南居十九』的盛況。五代時期，吴越王錢鏐築捍海塘，留下了『仰天誓江』『强弩射潮』的豪壯傳説。吴越國大力修整水利，興建塘堤，擴大杭城，獎勵農桑，極大地促進了杭州社會經濟的發展，有『地方千里，帶甲十萬，鑄山煮海，象犀、珠玉之富，甲於天下』的美譽。錢弘俶納土歸宋，避免戰亂，杭州民生經濟進一步欣欣向榮。正如宋柳永所描繪：『東南形勝，重要指示：『良渚遺址是實證中華五千年文明史的聖地，是不可多得的寶貴財富。我們必須把它保護好。』隋唐時期，水稻成為太湖平原的主要糧食作物。農業生產迅速發展。一度出現了所謂『賦出天下，而江南居十九』的盛況。五代時期，吳越王錢鏐築捍海塘，留下了『定天言江』『強弩射潮』的豪壯傳說。吳越國大力修整水利，興建塘堤。擴大杭城，獎勵農桑。擴大地域，促進了杭州社會經濟的發展。有『地方千里，帶甲十萬，鑄山煮海，象犀、珠玉之富，甲於天下』的美譽。錢弘俶納土歸宋，避免戰亂，杭州民生經濟進一步欣欣向榮。正如宋柳永所描繪『東南形勝，

豐，地靈人杰。在這方美麗富饒的土地上，孕育出無數頑
「錢塘江頭狂龍馬，西湖風光甲天下」。杭州物阜民
春時桑林岔隴高下競秀，風搖翠浪層層」。
二十八萬石」。明代，杭州府「田疇萬頃，一望無際。
據《元史》記載，大德年間，「杭州一郡，歲以酒糜米麥
水稻平均畝產達到二石，每年還有大量的糧食可用來釀酒。
城內外不下數十萬戶，百十萬口」。宋元時期，江南地區
的錢塘縣，不過數萬人口，到了宋末，「杭州人煙稠密，
經濟、政治、文化中心，人口密集，富庶繁華。秦漢時期
三吳都會，錢塘自古繁華。」南宋遷都臨安，使杭州成為

三吴都會，錢塘自古繁華。』南宋遷都臨安，使杭州成爲經濟、政治、文化中心，人口密集，富庶繁華。秦漢時期的錢唐縣，不過數萬人口，到了宋代，『杭州人烟稠密，城内外不下數十萬户，百十萬口』。宋元時期，江南地區水稻平均畝産達到二石，每年還有大量的糧食可用來釀酒。據《元史》記載，大德年間，『杭州一郡，岁以酒糜米麦二十八萬石』。明代，杭州郊野『田疇萬頃，一望無際。春時桑林麥隴高下競秀，風摇碧浪層層』。

『錢塘江頭駐龍馬，西湖風光甲天下』。杭州物阜民豐，地靈人杰。在這方美麗富饒的土地上，孕育出無數碩彦名賢。正如《夢粱録》所言：『杭州湖光山色之秀，鍾爲人物，所以清奇杰特，爲天下冠。』三國時期東吴名將全琮、唐代書法家褚遂良、宋代數學家楊輝、清代文學家袁枚，都是古代錢塘的聞人。他們或揮毫舞墨，或著書立説，爲後人留下了豐富且寶貴的文化遺産。南宋袁韶曾撰《錢塘先賢傳贊》，表彰數十位錢塘耆舊先賢的事迹。清同治光緒年間，著名藏書家丁丙編刻《武林往哲遺著》前編三百一十四卷、後編一百三十六卷，收録自唐至明的杭人著作六十種，又輯刻《西泠五布衣遺著》二十六卷，收録清中期杭州藝壇五位名宿吴穎芳、丁敬、金農、魏之琇、彥名賢。正如《夢粱錄》所言：『杭州湖光山色之秀，鍾為人物。所以清奇傑特，為天下冠。』三國時期東吳名將全琮，唐代書法家褚遂良，宋代數學家楊輝，清代文學家袁枚，都是古代錢塘的聞人。他們或揮毫潑墨，或著書立說，為後人留下了豐富且寶貴的文化遺產。南宋袁韶曾撰《錢塘先賢傳贊》，表彰數十位錢塘耆舊先賢的事迹。清同治光緒年間，著名藏書家丁丙編刻《武林往哲遺著》前編三百一十四卷、後編一百三十六卷，收錄自唐至明的杭人著作六十種。又輯刻《西泠五布衣遺著》二十六卷，收錄清中期杭州藝壇五位名宿吳穎芳、丁敬、金農、魏之琇、美國之詩文集。光緒年間，吳慶坻編撰《杭州藝文志》十卷，著錄漢魏至清代杭人著述六千五百餘種。「回首錢唐江上月，夜深誰與賦招魂。」錢唐作為杭州古稱常被後人使用。但以錢塘為名，專門搜集彙刊地方文獻的叢書卻鮮有所見。二〇二二年，浙江財經大學與杭州市錢塘區聯合成立宋韻文化研究中心。《錢塘文庫》係由宋韻文化研究中心組織專門力量，搜集影印、校勘整理版本珍貴、文化價值突出的古代錢塘名賢著述的叢書。擬分批推出系列成果。叢書將系統梳理錢塘文獻，傳承弘揚錢塘文化。凝聚著鑄造精神文明的錢塘文化標識。承先啓後之奚岡之詩文集。光緒年間，吴慶坻編撰《杭州藝文志》十卷，著録漢魏至清代杭人著述六千五百餘種。

『回首錢唐江上月，夜深誰與賦招魂？』錢塘作爲杭州古稱常被後人使用，但以錢塘爲名，專門搜集彙刊地方文獻的叢書却鮮有所見。二〇二二年，浙江財經大學與杭州市錢塘區聯合成立宋韵文化研究中心。《錢塘文庫》係由宋韵文化研究中心組織專門力量，搜集影印、校勘整理版本珍貴、文化價值突出的古代錢塘名賢著述的叢書，擬分批推出系列成果。叢書將系統梳理錢塘文獻，傳承弘揚錢塘文化，凝聚鑄造特色鮮明的錢塘文化標識，承先哲之精韻，顯錢塘之風采，助文化之傳播，供學術之研習。

《錢塘文庫》編委會

二〇二三年七月

《錢塘文庫》編委會

新編錢塘遺事目録

高宗不都建康而都于杭大為失策士大夫湖山歌舞之餘視天下事于度外卒至喪師誤主納土賣國可為長嘆息也觀是書不能無所感云

武陵劉一清編

卷之一

高宗定都　　　　靈隱寺

十里荷花　　　　六和塔

錢塘山水　　　　孝宗幸聚景園

天目山賦　　　　高宗游獵

卷一

[illegible]

高宗觀史書不能與[illegible]

錢塘天下[illegible]

高宗不都建康而都于杭大為失策士大夫[illegible]

[illegible]書目錄

卷之二

卷五

卷之七

卷之八

錢塘遺事卷一

武陵劉一清編

天目山讖

臨安都城其龍肇自天目讖云天目山前兩乳長龍飛鳳舞到錢塘海門一點巽山小五百年間出帝王錢氏有國世臣事中朝不欲其說之著更其末云異姓王以遷就之高宗駐蹕其說始驗視仰吳山如卓馬立顧紹興間望氣者以為有鬱葱之符秦檜專國心利之請以為賜第其東偏即檜家廟西則格天閣之故基檜薨熺猶戀戀請以為第常州倅烜為光祿丞留隸家廟言者嚴烜并遷廟主于建康遂空其室焉高宗倦勤即其地

錢塘遺事卷一

古杭劉一清編

天目山讖

臨安都城其龍翔自天目讖云天目山前兩乳長龍翔鳳舞到錢塘海門一點巽山小五百年間出帝王錢氏有國世臣事中朝不欲其說之聞更其末云異姓王以應之高宗駐蹕其說始驗[illegible]

築宮曰德壽後又更曰重華曰慈福曰壽慈凡四易美名至于咸淳甲戌天目山崩則百年王氣亦終于此矣

高宗浙臉

高宗誕之三日徽宗幸慈寧后閣妃嬪捧抱以見上撫視甚喜顧謂后妃曰浙臉也蓋慈寧后乃浙人其後駐驆於杭亦豈偶然

金陵山水

高宗未駐蹕杭州之先有暫都金陵之意末年因幸建康此意未釋召一術者決之術者云建康山雖有餘水則不足獻詩曰昔年曾記謁金陵六代如何得久興秀氣盡隨流水去空留烟

宋字衍

三字直作大字不旁注

岫鎖稜層（峻嶒）

夢吳越王取故地

（宋）高宗建炎渡江至德祐丙子通一百五十年紹興八年二月癸亥上發建康戊寅至臨安府遂定議建都自此不復移蹕淳熙十四年冬十一月丙寅宰執奏事延和殿宿直官洪邁同對因論高宗謚號孝宗云太上時有（老）中官云太上臨生之際徽宗夢吳越錢王引御衣云我好來朝便留住我終須還我山河待教第三子來邁又記其父皓（在北買一妾東平人）僧其母來曾在明節皇后閤（問）中言顯仁皇后初生高宗時夢金甲神人自稱錢武肅王即鏐也年八十一高宗亦年八十一卜都于錢塘似不偶然孝宗所謂錢王

三分寸真作大字不要注

宋史注

由顧錢氏譜

夢吳越王取故地

高宗建炎渡江至臨杭而予通一百五十年紹興八年二月癸

亥上發建康戊寅至臨安府遂定議建都自此不復移蹕淳熙

十四年冬十一月丙寅宰執奏事延和殿宿直官洪邁同對因

論高宗諡號孝宗云太上時有中官云太上歷生之際徽宗夢

吳越錢王引徽宗御衣云我好來朝便留住我終須還我山河待教

第三子來邁又說其父皓偕其母來留在明節皇后閣中言顯

仁皇后初生高宗時夢金甲神人自稱錢武肅王（即錢鏐也）年八

十一高宗亦年八十一卜都于錢塘似不偶洪孝宗所謂錢王

指敘々第三句無潭字也孫圖東使

十里荷花

孫何帥錢塘耆卿作望海潮詞贈之云東南形勝三吳都會

錢塘自古繁華煙柳畫橋風簾翠幕參差十萬人家雲樹遶堤

沙怒濤捲霜雪天塹無涯市列珠璣戶盈羅綺競豪奢重湖疊

巘清嘉有三秋桂子十里荷花羌管弄晴菱歌泛夜嬉嬉釣叟

蓮娃千騎擁高牙乘醉聽簫鼓吟賞煙霞異日圖將好景歸去鳳

池誇此詞流播金主亮聞歌欣然有慕于三秋桂子十里荷花

遂起投鞭渡江之志近時謝處厚詩云誰把杭州曲子謳荷花

十里桂三秋那知卉木無情物牽動長江萬里愁此詞雖

指傚〻第三子惟潭也終團練使

十里荷花

孫何帥錢塘柳耆卿作望海潮詞贈之云東南形勝三吴都會錢塘自古繁華烟柳畫橋風簾翠幙參差十萬人家雲樹遶堤沙怒濤捲霜雪天竺無涯市列珠璣户盈羅綺競豪奢重湖叠巘清佳有三秋桂子十里荷花羌管弄晴菱歌泛夜嬉〻釣叟蓮娃千擁高牙乘醉聽簫鼓吟賞烟霞異日圖將好景歸去鳳城誇此詞流播金主亮聞歌欣然有慕于三秋桂子十里荷花遂起投鞭渡江之志近時謝處厚詩云誰把杭州曲子謳荷花十里桂三秋那知卉木無情物牽動長江萬里愁予謂此詞雖

然卒為金主[illegible]死之媒[illegible]恨也宜乎荷艷桂香妝點

牽動長江之愁雖湖山之清麗使士人流連于歌舞嬉游之樂遂忘中原是則深可恨耳因味其詩云殺胡快劍是清謳牛渚依然一片秋却恨荷花留玉輦竟忘烟柳汴宮愁蓋靖康之亂有題詩於舊京宮牆云依依烟柳拂宮牆宮殿無人春晝長燕子歸來依舊忙憶君王憶君王月破黃昏人斷腸蓋悼欽宗之不復返也

仁和門

宋太祖次於陳橋驛整軍從仁和門入高宗由海道過杭聞縣名甚喜曰此京師門名也駐蹕之意始此

高宗定都

高宗自建炎元年五月即位於南京岳飛解東京圍宗澤留守東京勸工還京高宗雖下詔修京城而還京之意終未決車駕

顯慶寺

八年上在建康二月如臨安追究高宗

二月上自平江如臨安六年上在臨安七年春正月上在平江

三年上在臨安四年上在臨安冬十月詔親征上如平江五年

月上次明州八月上次越州興二年正月上自越州如臨安

十月金人犯杭州上自明州航海四年正月上次台州章安鎮四

杭州凡四[illegible]月六月高宗駐蹕建康安撫使西路攻杭州臨安府

我有矣冬十一月上如杭州以州治為行宮至四月幸建康在

念中原之意近聞一二大臣勸陛下遷幸東南果爾則中原非

行幸未有定向臣李綱言陳曰今者車駕未入關當適都襄以示不

行幸未有定向李綱諫曰今岳飛縱未入關當適鄧襄以示不忘中原之意近聞一二執政勸陛下遷幸東南果爾則中原非我有矣冬十一月上如杭州以州治爲行宮至四月幸建康在杭州凡四個月六月高宗離建康至浙西詔改杭州爲臨安府十月金人犯杭上自明州航海四年正月上次台州章安鎮四月上次明州八月上次越州紹興二年正月上自越州如臨安三年上在臨安四年上在臨安冬十月詔親征上如平江五年二月上自平江如臨安六年上在臨安七年春正月上在平江八年上在建康二月如臨安遂定都焉

顯慶寺

臨安靈隱淨慈上中下三天竺皆宗朝祖宗功德寺也淳祐庚戌為貴妃閻氏建功德寺于九里松近靈隱寺前名顯慶寺土木之工過於諸寺時人名之曰賽靈隱寺成建大鼓於法堂忽有人掩入不倫大書鼓上云淨慈靈隱三天竺不似閻妃兩片皮由此界限甚嚴無故者不得復入矣

遊湖詞

蜀人文及翁登第後相集遊西湖一同年戲之曰西蜀有此景否及翁即席賦賀新郎云一勺西湖水渡江來百年歌舞百年酣醉回首洛陽花世界烟渺黍離之地更不復新亭望淚簌樂紅粧搖畫艇問中流擊楫何人是千古恨幾時逝子生自負澄

清志更有誰磻溪未遇傅岩未起國事如今誰倚仗衣帶一江而已便都道江神堪恃借問孤山林處士但掉頭笑指梅花蕊天下事可知矣

三賢堂

寶慶丙戌袁樵尹京于三賢堂賣酒或題詩云和靖東坡白樂天三人秋菊薦寒泉而今滿面生塵土却與袁樵趂酒錢

冷泉亭

冷泉亭正在靈隱寺之前一泓極為清泚流出飛來峰下過九里松而入西湖或題詩云一泓清可浸詩脾冷暖人情祗自知流出西湖載歌舞回頭不似在山時

三天竺

上中下三竺三寺相連其山門與靈隱共入匾曰靈隱天竺之門惟上天竺係觀音坐正殿勅賜號靈感臨安祈禱則迎奉之有勅賜寶廚鈿頂諸飾其上有兩珠一赤一白名日月珠又有黑白相間如棗核樣名鬼谷珠又一大珠名珠母又一大珠名猫兒眼每遇迎奉則加此飾亦曾迎入大内祈禱焉

題白塔橋

（驛路有白塔橋印賣朝京里程圖士大夫往臨安必買以披閱有人題于壁曰）

白塔橋邊賣地經長程短堠甚分明如何只到臨安住不說中原有幾程

伍子胥廟

廟在吳山頭其下當御路名朝天門理宗辛卯廟連回祿後賜
緡錢二萬三千重建舊址殿請陳公益作記其畧曰吳山廟者
春秋伍大夫廟也春秋伍氏子世為楚忠臣大夫挾父兄不報
之讎去國千里徬徨江上漁父不受萬鍾之祿以捐其軀列女
不吝千金之身為効其死故能識要離之勇薦孫子之智借吳
師以入郢會諸侯於漢水功亦偉矣及夫差狠愎踴躍用兵貪
懷東齊受賂仇越大夫不忍見吳之池沼蘋臺之游麋鹿竟以
直死當時知與不知莫不哀之因名其山而立祠焉君子曰伍
大夫于是忠孝兩全矣大夫以抑鬱不平之氣隨流揚波依潮
来往猶能激為疾風甚雨奔雷激電震蕩於越兵入城之頃其

與荆軻慕義白虹貫日孔明英氣能為風雲者何以異哉自春秋至皇宋千有餘年景象相傳理宗賜額清忠又建閣于門之上御書英衛之閣以匾之每歲春秋醮祭命學士院降付青詞寶祐癸丑再火而此碑亦不存矣謂金石之文終久不磨亦無是理也

射潮箭

五代錢王射潮箭在臨安府候潮門左手數步昔江潮每衝激城下錢氏以壯士數百人候潮之至以强弩射之由此潮頭退避後遂以鉄鑄成籌樣其大如秤作亭泥路之傍埋籌亭中出土外猶七尺許以示鎮壓之義然潮汎之来常失故道臨安府

與荊軻慕義白虹貫日孔明與氣能為風雲者何以異哉自春秋至皇宋千有餘年景象相傳理宗賜額清忠又建閣于門之工部書英衛之閣以圖之每歲春秋醮祭命學士院撰付青詞寶祐癸丑再火而此碑亦不存矣謂金石之文終久不磨亦無是理也

射潮箭

五代錢王射潮箭在臨安府候潮門左手發誓詞昔江潮每衝激城下錢氏以強弩數百人候潮之至以強弩射之由此潮頭退避後匠以鐵鑄成箭其大如杵作亭覆之路之傍埋箭出中土外猶七八尺許以示鎮壓之義淑湖況之來嘗失故道臨安府

涪翁[illegible]演

謹按頖宮自奉命寓士書參不辭手稟于位謚文清
無從刻工頌今日發昭古讚廣不容開去田林正讒爲相清正
秦讒父爲昭文相審出六合洛顯詩內往來洛下幾經秋伊京

六合詩

寬中京權架一碑教是通路過靈隱寺門
水以深洛爲道旨宜習以行地又萬十石回泥田淨洛區響
東坡守杭日築堤自大備直望西湖中游接吉昌非泥浜觀十里

蘇堤贊

圖一回名命江回焉

置一司名修江司馬

蘓堤趙堤

東坡守杭日築堤自大佛頭直至淨慈寺前非為遊觀計也遏水之深若為湖而沮洳之地畝以萬計皆可為田淳祐間趙與篤尹京横築一堤秪是通路過靈隱而已

六和塔詩

李彊父為昭文相嘗出六和塔題詩云往来塔下幾經秋每恨無從到上頭今日登臨方覺險不如歸去卧林丘彊父為相清正謹守規矩自奉如寒士書卷不釋手薨于位謚文清

淨慈羅漢

淨慈寺乃祖宗功德院側有五百羅漢別創一田字殿安頓裝塑雄偉殿中有千手眼觀音一位尤精緻其第四百四十二位阿湿毗尊者獨設一龕用黃羅幙之旁致籤筒其羅漢像則偃蹇便腹斜目覷人而笑臨安婦人祈嗣者必詣此炷香默禱以手摩其腹云有感應積日既久衆手加于泥粉之上其腹黑光可鑒邪説誣民如此哉又假此為抄題之端裒斂民財尤不可勝計其無忌憚甚矣

萬回哥哥

臨安居民不祀祖先惟每歲臘月二十四日各家臨期書寫祖先及亡者名號作羹飯供養罷即以名號就楮錢上焚化至来

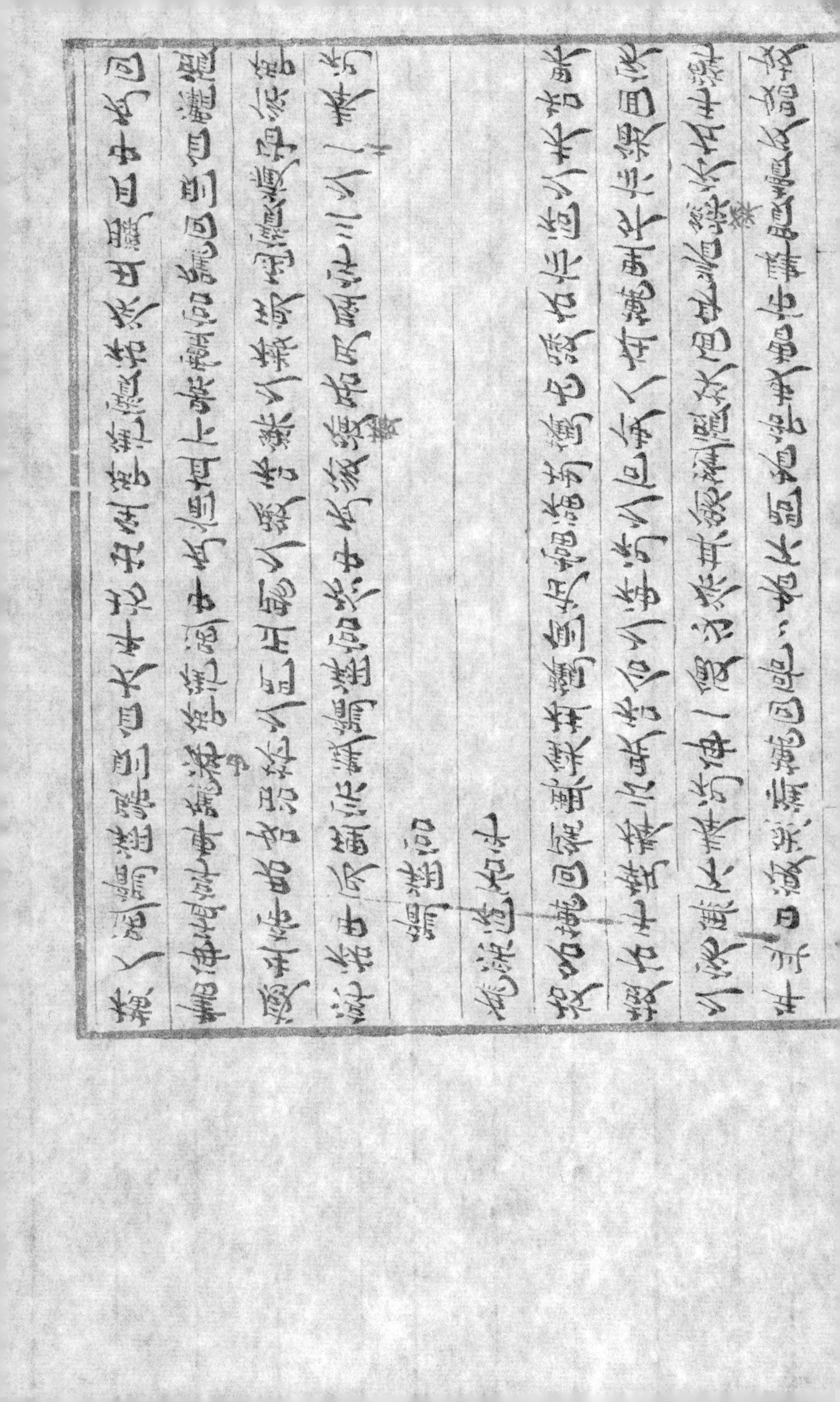

年此日復然惟萬回哥ミ者不問省部吏曹市肆買賣及娼妓之家無不奉祀每一飯必祭其像蓬頭笑面身着緑衣左手擎鼓右手執棒云是和合之神祀之可使人在萬里外亦能囬家故名萬回隂興鉄柱觀側武當福地觀内殿右亦祠之未知果為溪祠否乎

龍翔宫

淳祐甲辰理宗建龍翔宫於中瓦後徹居民屋宇三之一奉
感生帝君如昭符之門正陽之殿和樂之樓琅函寶藏皆像
書每孟享車駕游御街過中瓦前直下景靈宫駕回則自灞
横入過龍翔歸則自太平坊出至御街寶祐癸丑臘月中瓦回

祿因此自御街當中取大路直入而中瓦之右以為武林園其左以為皇子忠王看望樓旅邸有題曰龍翔宮闕壯皇都鸞路縈回枉德車天意也知明主意故教刼火闢通衢

浙江十廟

廟在浙江之北其一是平水九州大禹王其一是陸相公陸有三位小娘子皆綠袍方巾列坐兩傍一主護岸一主起水一主交澤各有所司凡海舡到廟下必先詣三位小娘子前炷香上真綵及花朶粉蓋拜許保安牲酒心願其或乘早晚潮汎之至而發舟必須待卜而動則前去免風濤之險不得卜則斷不敢輕發也廟傍別有一所專祀十二位潮神各武粧持杖每位各

[illegible]

[illegible]

[illegible]

[illegible]

[illegible]

[illegible]

[illegible]

[illegible]

[illegible]

[illegible]

主一時焉然皆不及三位小娘子香火之盛

孝宗問卜何蓑衣卜

淳熙中金人徙穴人言洶洶上于禁中默禱遣中使至平江問何蓑衣其說無有知者何見其來曰我已知得中使炷香如禮何曰我不能書可令人寫遂授以詩云賀新郎胡孫拖白不終塲英雄裂土封侯王又云鬧啾啾也須還我一百州使持歸以奏時人莫諭其旨益公日記中亦載

大理寺豕祭

舊傳三歲拜郊或明堂大禮凡在前誤國奸臣首級在大理寺者必以矢祭盖訛傳謂以犧物祭之其寔豕者少牢也國家三歲

沛恩汝雖誤國亦不忌汝之舊時用豕以祭而訛傳若此豈朝廷寬大之恩哉

格天閣

秦檜靖康初為御史中丞金人立張邦昌檜陳議狀大略謂趙氏傳緒百七十年號令一統綿地萬里子孫蕃衍而布在四海德澤深長百姓歸心只緣奸臣誤國遂至喪師失守豈可以一城而決廢立哉若必欲舍趙氏而立邦昌則京師之民可服而天下之民不可服京師之宗子可滅而天下之宗子不可滅望稽古揆今復君之位以安天下虜嘉其忠與之俱歸遂諂事撻辣陰遣檜歸為反間遂決意主和檜之奸賊不臣其罪可勝誅

錄[illegible]傳[illegible]又圖[illegible]主[illegible]會之[illegible]其[illegible]

諸古[illegible]今[illegible]以[illegible]以保天下[illegible]其[illegible]以[illegible]

天下之民不可服[illegible]之宗[illegible]可滅而天下之宗[illegible]可滅

城而未[illegible]其[illegible]天而[illegible]昌[illegible]之民可服而

[illegible]百[illegible]國[illegible]可以一

民[illegible]百五十年[illegible]令一[illegible]而[illegible]四海

泰[illegible]金入[illegible]大[illegible]

[illegible]天[illegible]

[illegible]大之[illegible]

[illegible]圖[illegible]

哉方其在相位也建一德格天之閣有朝士賀以啟云我聞在
昔惟伊尹格于皇天民到于今微管仲吾其左衽大喜超擢
又有選人投詩云多少儒生新及第高燒銀燭照蛾眉格天閣
上三更雨猶誦車攻復古詩檜益喜即與改秩蓋其胸中有歉
故特喜此諛語以為掩覆之計真猾夏之賊也

錢唐遺事卷一終

錢塘遺事卷之二

武陵劉一清編

淳熙盛事

宋孝宗御宇高宗在德壽光宗在青宮寧宗在平陽邸四世本支之盛亘古未有楊誠齋時為宮僚賀光宗誕辰詩云祖堯父舜真千載禹子湯孫更一家讀者服其精切又云天意分明昌火德誕辰三世德（總值）丁年蓋高宗生于丁亥孝宗生于丁未光宗生于丁卯也丁年字出李陵書借用亦佳

孝宗恢復

高宗之朝有恢復之臣而無恢復之君孝宗之朝有恢復之君

而無恢復之臣故其出師終遇少衄滿朝爭論其非屈己請和

而不能如（遂）孝宗之志惜哉

辛幼安詞

辛幼安晚春詞云更能消幾番風雨匆匆春又歸去惜春長恨花開早何况落紅無數春且住見說道天涯芳草無歸路怨春不語只（算）有殷勤畫簷蛛網盡日惹飛絮長門事准擬佳期又誤蛾眉曾有人妒千金縱買相如賦脉脉此情誰訴君莫舞君不見玉環飛燕皆塵土閑愁最苦休去倚危欄斜陽正在烟柳斷腸處詞意殊怨斜陽煙柳之句其與未須愁日暮天際乍輕陰者異矣使在漢唐時寧不賈種豆種桃之禍哉愚聞壽皇見此

詞頗不悅然終不加罪可謂至德也已其題江西造口詞云鬱
孤臺下清江水中間多少行人淚西北是長安可憐無數山青
山遮不住畢竟東流去江晚正愁予山深聞鷓鴣蓋南渡之初
虜人追隆祐太后御舟至造口不及而還因此起興聞鷓鴣之
句謂恢復之事行不得也又寄丘宗卿云千古江山英雄無覓
孫仲謀處舞榭歌臺風流摠被雨打風吹去斜陽草樹尋常巷
陌人道寄奴曾住想當年鉄馬氣吞萬里如虎元家子草〻封
狼居胥贏得倉皇北顧四十三年望中燈火猶記揚州路可堪
回首佛狸祠下一片神鴉社鼓憑誰問廉頗老矣尚能飯否此
詞集中不載尤雋壯可喜朱文公云辛幼安陳同甫若朝廷賞

罸明此等皆可用

東窻事發

秦檜欲殺岳飛於東窻下謀其妻王夫人夫人曰擒虎易放虎難其意遂决後檜游西湖舟中得疾見一人披髮厲聲曰汝誤國害民我已訴于天得請於帝矣檜遂死夫人思之未幾秦熺亦死方士伏章見熺荷鉄枷因問秦太師所在熺曰吾父見在酆都方士如其言而往果見檜與万俟卨俱荷鉄枷備受諸苦檜曰可煩傳語夫人東窻事發矣

慶元侍講

宋慶元初趙子直當國召朱文公為侍講文公欣然而至積誠

感悟且編次講義以進寧宗喜令點句以來他日請問上曰宮中當讀之書大要主求放心耳公因益推明其說曰陛下既知學問之要願勉進而力行之退謂其徒曰上可與為善若舉得賢者輔導天下有望矣然是時韓侂胄自謂有夾日之功已居中用事公因進對面諫又約吏部侍郎彭子壽請對白發其奸且以書白趙丞相云當以厚賞酬其勞勿使干預朝政侂胄於是謀逐公忽一日御批云朕閔卿耆老當此隆冬難進講已除卿宮觀內侍王德謙竟遣付下宰相執奏臺諫給事爭留皆不從時子壽出護使客回則公已去矣即上章攻侂胄云昔元符間向宗良兄弟止緣交通賓客漏泄機密陳瓘抗章劾之謂自

古戚里侵權便為衰世之象外家干政即是亡國之本亦如州
縣之政只要權出守令若子弟親戚交通關節則姦人鼓舞良
民怨咨此言不可不察今佹胄所為不止如宗良而朝無陳瓘
莫能出力排之在太上皇朝始用姜特立大臣尚能逐之使去
復用袁佐諫官尚能論之使懼不謂陛下始初清明有臣如此
乃無一人敢出狂語則其聲勢可知矣上謂宰相曰佹胄是朕
親戚龜年是朕舊學極是難處宰相進兩留之說且謂龜年性
剛乞宣諭留之上曰此人質直兼是先朝舊僚四人兩人罷一
人憂去只有龜年有事肯來說如此區處甚好其晚忽降省劄
直批彭龜年予郡宰相亦不知也自是衆君子皆逐矣上始初

雖爲侂胄所誤然三十一年敬仁勤儉如一日天文示變齋心露禱禁中酒器以錫代銀上元夜嘗熒燭清坐小黄門奏曰官家何不開宴上愀然曰爾何知外間百姓無飯吃朕飲酒何安嘗幸聚景園晚歸都人觀者入争門蹂踐有死者上聞之深悔自是不復出文公格心之效終不可泯

韓平原

宋寧宗既受禪韓平原所望不過節鉞知閤劉弼嘗從容告趙忠定曰此事侂胄不爲無功亦須分些官職與他忠定不答自是漸有邪謀迄逐衆君子予友趙從道有詩云慶元宰相事紛紛説着令人暗斷魂好聽當時劉弼語分些官職與平原予亦作

[illegible]

[illegible]

[illegible]

[illegible]

[illegible]

[illegible]

[illegible]

[illegible]

[illegible]

[illegible]

[illegible]

一篇齋壇一鉞底須慳坐見諸賢散似烟不使慶元為慶曆也由人事也由天

趙子直

韓平原傾趙子直罷政遠竄斃於古鄙訃聞有無名子作詩大書于朝天門下云兩手旋乾複轉坤群邪何事肆流言狼胡跋疐傷周旦魚腹衔寃葬九原一死固知公所欠孤忠猶賴史長存九原若見韓忠獻休說渠家末世孫

韓平原客

韓平原嘗為南尉延一士人作館客甚賢而文既邑音問杳不通平原當國常思其人一日忽来上謁盖已改名登第矣一見

歡甚舘遇極厚嘗夜闌酒罷平原屏左右促膝問曰某謬當國柄外間議論如何其人太息曰平章家族危於累卵矣尚復何言平原愕然問故對曰是不難知也椒殿之立非出於平章則椒殿怨矣皇子之立非出於平章則皇子怨矣賢人君子自朱熹彭龜年趙汝愚斥逐貶死不可勝數則士大夫怨矣邊釁既開三軍暴骨孤兒寡婦之哭聲相聞則三軍怨矣並邊之民死於殺掠內地之民死于科需則四海百姓皆怨矣叢是衆怨於平章何以當之平原默然久之曰何以教我其人辭謝再三固問乃曰僅有一策主上非心黄屋若急建青宮開陳三聖家法為揖遜之舉則皇子之怨可變而為恩而椒殿退居德壽雖怨無

能為矣於是輔佐新君渙然與海内更始曩時諸賢死者贈卹生者擢用遣使聘虜釋怨請和以安邊境優犒諸軍厚卹死士除苛解擾盡去軍興無名之賦使百姓有更生之意然後選擇名儒遜以相位乞身告老為緑野之游則易危為安轉禍為福或者其庶幾乎平原猶豫不能決留其人欲處以掌故其人力辭竟去未幾禍作

濟王

濟王已廢潘壬潘丙謀立王遣書李全約以二月望日舉事邏卒得其行人并書以白彌遠彌遠易書以二月改作三月且許行人以美官重賞令其以書達全至二月潘壬潘丙率太湖

亡命數十人各以紅半袖為號乘夜踰城而入至邸索王言推
戴事王聞變易敝衣匿水竇中久而得王擁至州治以黃袍加
身王號泣不從不獲已與之約曰汝能勿傷太后官家否衆許
諾遂發軍資庫金帛楮劵犒軍命守臣謝周卿率見任寄居官
入賀且揭李全榜於州門言史彌遠廢立等罪且稱見率精兵
二十萬水陸並進人皆悚動以為江東狡謀比曉王視其士卒
則太湖漁人巡尉司弓兵而已王知其謀不成乃與郡將州兵戰
之敗其數元不滿百也王元春以輕舟告变於朝史彌遠急召殿
司將彭忯赴之兵至而事已平乃班師時全守淮安知所約失
時遂叛歸北虜史彌遠欲殺濟王遣其客秦天賜來且頒宣醫

視疾之命時王本無疾天賜諭上意逼王就死遂縊于州治尋
下詔貶王為巴陵郡公其後魏了翁真德秀洪咨夔潘枋相繼
上疏咸言其寬大理評事胡夢昱應詔上書言濟王之不當廢
引用晉太子申生漢戾太子及秦王廷美之事凡百餘言訐直
無忌彌遠怒竄夢昱於象州紹定壬辰沛恩宥過夢昱已不及
矣贈朝奉郎謚剛簡仍官其子

三京之役

寶慶乙酉趙葵趙范全子才奏因降人谷用安之言欲乘時撫
定中原建守河據關之議以聞于朝乃命趙范開閫于光黃之
間六月全子才合淮西兵萬餘人赴汴以十二日離合肥七月

二日抵東京距城二十里駐兵五日整兵入城行省李伯淵先
期以文書来降願與谷用安范用吉結約乃殺所立崔立率父
老来降先是黄河南舊有寸金淀(隄)乃為金人所決河水滛溢自
壽至汴水深齊腰行役良苦子才駐汴以俟粮嵩之主和中沮
之不肯運粮卒至誤事南滁州路鈐轄樊辛路分王中以偏師下
鄭州陳州蔡州望風歸附趙葵以淮西兵五萬取泗州由泗至
汴與子才軍會因謂子才曰我輩始謀據關守河今已抵汴半
月不急議攻洛陽潼關奚待耶子才以粮餉未集對趙葵益督
促之遂檄范用吉樊辛李先胡顯等提軍一萬三千人命淮西
師機徐敏子為監軍先令西上且命楊又(義)以廬州强勇軍一萬

五千總之各給五日粮諸軍以粮少為辭敏子以二十一日啟行二十六日遣和州寧淮軍將張迪以二百人趨洛陽至夜踰城大噪而入城中寂然無應者蓋北軍戍洛陽者皆空其城而誘我矣及曉有民庶三百餘家登城後降迪等遂入洛陽二十七日軍食已竭乃采蒿和麪作餅而食之楊义至洛東三十里方散坐蓐食忽數百步外有立紅黃繖者衆方駭異而伏兵突起深蒿中义倉卒無備大潰擁入洛水者甚衆义僅以身免是晚有潰軍奔逸而至云楊义一軍已為金人大陣衝散令北兵已據北岸矣于是在洛之師聞而奪氣八月一日北軍已有近城下寨者敏子與戰勝負半之士卒乏粮遂殺馬而食俟粮不

至遂班師

大字成犬

寧宗初政首召真德秀魏了翁諸君子在朝天下人心翕然向化史彌遠欲逐真德秀魏了翁梁成大自薦於史相遂除成大為察院成大貽書所親曰真德秀乃真小人魏了翁乃偽君子此舉大快公論而以成大守建寧拆真(德)秀宏詞坊苟可以捃摭者無所不盡其至(致矣)當時太學諸生曰大字傍宜添一點曰梁成犬予謂犬之狺狺不過吠非其主耳是有功於主也今夫不肖之臺諫受權貴之指呼納豪富之賄賂內則翦天子之羽翼外(而)則奪百姓之父母是有害於主也吾意犬亦羞與為伍矣

辛卯火

宋紹定辛卯臨安之火比辛酉之火加五分之三雖太廟亦不免而史丞相府獨全洪舜俞詩云殿前將軍猛如虎救得汾陽令公府祖宗神靈飛上天可憐九廟成焦土時殿帥乃馮榯時也人言藉藉迄不免責

史彌遠

史弥遠開禧丁卯為禮部侍郎與自楊太后誅侂胄其事甚秘侂胄死寧宗不知也居數日上顧問侂胄安在左右乃以寔對上深悼之彌遠出入宮禁外議譁然有詩曰往来與月為儔侶舒卷和天也蔽蒙蓋以雲譏弥遠也弥遠為相十七年如真德秀

之運粮十萬給南北軍端平甲午正月北兵至蔡州宋孟珙薄蔡城下金主知城必破乃傳位後主閉閣自縊愚嘗謂宋之與隣有兩失宋之與遼自真宗澶淵之後以姪事本朝世守歡盟一旦從女真之請議夾攻遼高麗嘗遣使尋醫托其言以勸中國矣而徽宗不信又豈唇亡齒寒之患乎童貫兵出白溝而無紀律兵抵燕京而即奔潰金人哂之反得以欺我卒致靖康之禍金雖世讎在所當滅真西山言虜亡而中國之憂始大洪咨夔奏金亡而有興者二公有先知之明矣

卷二終

錢塘遺事卷之三

武陵劉一清編

趙信菴

信菴趙葵南仲忠肅公幼子意氣豪邁任[倅]濠梁日有婢與客私公知之伺婢夜出袖劒出帳中一揮斷之二人頭棄之城濟辛卯遂[述]全送死維揚奏功自三京之役家居数年至淳祐癸卯優詔起復畀以重任為叅預時有奏對日記穆陵與之客議儲事公再三贊決且云如陛下即位便不是好樣子尤人所難言也除拜右相葵屢上辭免而朝旨促赴闕益急後葵到京以宰相須用讀書人勉之葵巳知之矣乃徑出國門疾馳而歸題南鄉子

傳到

壁間云束髮領西藩百萬雄兵掌握間召至廟堂無一事遭彈昨日公卿今日閒拂曉出長安莫待西風割面寒羞見錢塘江上柳何顏瘦僕牽驢過遠山後有表奏曰霍光不學無術每思張詠之語以懷慚后稷所讀何書敢以趙汴之言而自解雖是有激而云然亦見幾而作矣歸領鄉郡推心愛民一鞭不妄施暇日過嶽麓精舍〻長劉某年差長將坐揖曰相公主席公搖手曰到這裏說甚相公竟就賓席取酒盡歡而去後居溧陽已未難作聞命即出丙寅時事粗定告老還鄉舟未發以書報鄉人及兩學士友無不歡悦長沙兒童日呼舞於市曰相公歸云冬十月二十六日至齊安中夕電光如燭空中啐然有聲遂薨

安子文

安子文與楊巨源李好義合謀誅逆曦旋殺巨源而專其功久之朝廷疑其跋扈俾帥長安(沙)盡室出蜀嘗自贊云面目鄒搜行步藞苴人言托住伴(半)周天道我一場真戲耍今日到湖南又成一話靶在長沙計利析秋毫設廳前豢豕成群糞穢狼籍肥腯則烹而賣之罷鎮捆(梱)載歸蜀厥後楊九鼎在蜀以刻剝致諸軍之怨軍士莫簡倡亂殺九鼎剖其腹寔(實)以金銀曰使其貪腹飽飫時子文家居散財給士生擒莫簡剖心以祭九鼎迄再平蜀難

嵩之起復

淳祐乙巳正月劉漢弼正夫由閑卿監擢拜臺臣先是九月
之自右揆丁父憂優詔起復盖援彌遠例也嵩之孫願不起
以葬為辭逡廵未就闕十一月徐元杰侍郎因對以起復為非
嵩之憾之語所厚曰吾與徐誼不薄何不容以啟我自是繼有
論奏上意不復向嵩之臺官彈擊無虛日未幾漢弼以腫疾死杜
丞相範繼薨徐又以伏暑暴卒物論沸騰直謂數公皆中毒死
徐則徧體青黑朝野為之驚駭堂食無敢下箸者于是揭榜通
衢立重賞格移文棘寺嚴鞠姦宄然竟莫明所以已而出太府
美謚以旌其忠焉嵩之廢後昔自痛久之乃班叢背
之弊界上腴之田賜之死嵩之當國一時正人如杜範游佀
應起李韶趙汝騰等皆以不合逐去時喬行簡平章李宗勉左

相史嵩之右相三相當國喬失之泛李失之狹史失之專然宗

勉清謹守法號爲賢相

崔福之死

崔福從趙葵收李全名重江淮爲人勇悍喜於生事而無忌憚

陳韡爲建康留守崔爲路鈐奪統制官王明鞍馬又迫逐總所

趙監酒親屬公委會廳戒諭然不悛值王步帥統師過淮乞崔

福軍前協力因厚遺之崔福遇賊不擊托言葬女而歸更不由

大閫取旨主帥亦無如之何陳以爲從本司調遣而蔑視軍法

如此若不明正典刑則更相傚傚押赴教場處斬人以爲文臣

不習邊事多爲武人所輕陳韡爲積忿而發也殊不思良將難

得為師簡者推誠共事果跋扈陵犯自當申取朝旨豈可擅殺

孟保相

孟珙號無菴兄弟中第四故稱四孟機略沉鷙世罕能及嘗攻大金公統兵四萬至蔡州滅之由是威名浸盛為荊湖制帥善御衆得士卒心輕財結客對境虛寔莫不周知外國機要間探尤客性好佛夜則趺坐召偏裨以下五七十人施毡褥俱席地自上而下各舉一話或目前事或市井笑謔事無不可言者[illegible]可笑輒相與大噱惟不許訐人陰私於是上下之情無不通者軍中私客外間詭詐皆入其耳久任邊帥朝廷賴之後無疾而逝兄璟稱三孟嘗知鄂州性寬厚第十孟知岳陽皆然子之縉

立朝尤有大節理宗朝邊帥者必曰諸孟云

余樵隱

余玠字義夫淳祐三年帥蜀慷慨自許創建城壁修築關隘屯堡栅數年之間邊塵不驚浸以驕恣初玠之臨遣也有挈還天子之語十年天子降詔褒余玠八年守蜀之功鄭青山相因聳史其進兵且以私書與玠云老夫只俟此着合興為身計于是一意出師至興元無功而還壬子冬北兵知其所人入掠成都薄嘉定無禦之者玠帥蜀冐功每交結權要及中外用事者奏牘詞氣悖慢示敢專制之狀上意不平之徐清叟奏云余玠不知事君之禮帥蜀無功陛下胡不出其不意召之

上不答一日御筆令[illegible]行以本職奏事[illegible][illegible]以漢中[illegible]

續[illegible][illegible][illegible][illegible][illegible][illegible]

楊嗣昌

[illegible][illegible]甲[illegible]令嗣昌[illegible]徐清[illegible]奏[illegible][illegible]命令不行于西[illegible]十

有三年矣今皆天[illegible][illegible][illegible]行以祖宗在天之靈社稷無疆之福[illegible]

下大有為之機也今乃以[illegible][illegible]行[illegible][illegible][illegible]不能任重[illegible]

者當大臣[illegible]五十日[illegible]不[illegible][illegible][illegible][illegible][illegible]閣之亦且[illegible]中

圖之無人矣而有[illegible][illegible][illegible]者[illegible][illegible]故回[illegible]筆書[illegible][illegible]以[illegible]十年

來未見執政[illegible]回[illegible][illegible]命者[illegible][illegible][illegible][illegible][illegible][illegible][illegible]之問[illegible]回[illegible]之入[illegible]

有不安君命已頒反汗其後[illegible]嗣昌果敗[illegible]失機[illegible]已敗[illegible]

上不答一日御筆余玠以本職奏事庚牌到蜀而玠以漢中敗
績歸羞愧飲藥而卒[死]

余晦師蜀

寶祐甲寅余晦師蜀徐清叟奏云朝廷命令不行于西蜀者十
有二年矣今者天鑒此[余]玠乃祖宗在天之靈社稷無疆之福陛
下大有為之機也今乃以素無行檢軽儇浮薄不能任重如晦
者當之臣恐五十四州[軍民]不特望而軽鄙[敵國]吏狄聞之亦且竊笑中
國之無人矣所有除晦内批乞賜收回御筆責清叟云[日]數十年
来未見執政繳回成命者卿若固執則廟堂之間同列之人皆
有不安[君]君命已頒决難反汗其後余晦果敗蜀失紫金山要地

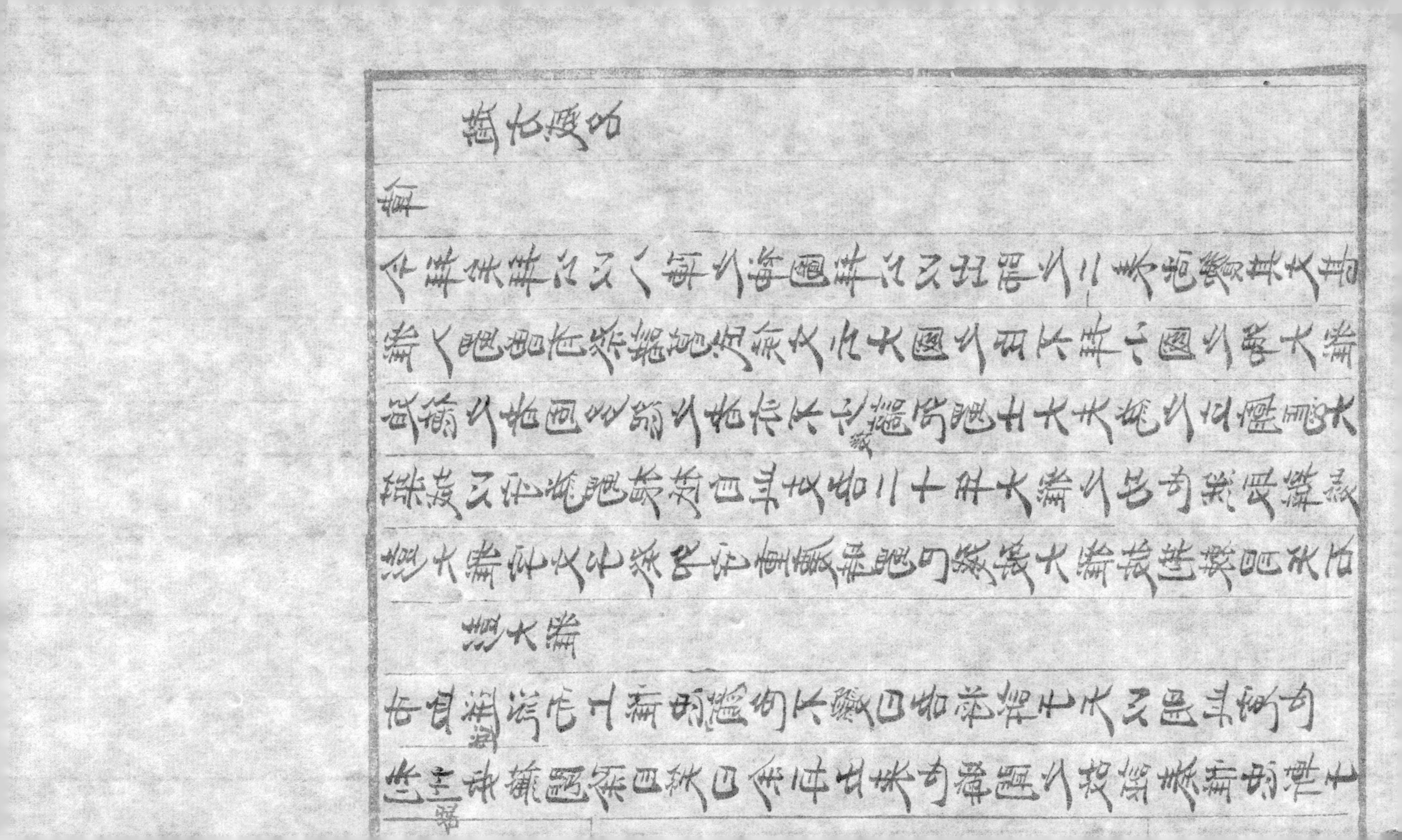

[illegible]

[illegible]

[illegible]

[illegible]

[illegible]

[illegible]

[illegible]

[illegible]

[illegible]

[illegible]

利州[路]安撫閲除目笑曰余再五來也晦聞之故誣奏惟忠斬于市血迸[逆]流而上惟忠顔色不變曰吾將訴于天以明此寃也

彭大雅

彭大雅字文子癸卯守重慶時蜀已殘破大雅披荆棘冒矢石築城以守為蜀根柢自此支吾二十年大雅之功也然取辦峻迫德之者固多怨之者亦不少[後]謫死蜀士大夫為之立廟焉大雅入蜀曾有祭諸葛武侯文云大國之臣不拜小國之卿大雅今拜矣拜公以八陣之神圖拜公以出師之二表尚饗其文甚偉

趙方威名

趙方嘉定年間為淮閫威望表聳金人相戒不敢犯邉皆以趙爺〻呼之貌古怪兩眼高低一眼觀天一眼觀地人皆向望畏之不敢仰視一日浴湯伏事者窺見一巨蛇蟠於桶中皆不敢泄漏一夕之鼓不鳴詰朝申舉當更軍人自分必死及執覆謂有巨蛇蟠於鼓故不敢近以故皆知為蛇之精鎮邉數年一塵不驚兩子六直閣七直閣隨侍立淮北人有六隻角七隻角之呼其威名已遠暢矣後欲上武當山燒香上真降筆曰襄陽趙方欲上武當鄷都小卒不許燒香方初登第作尉時嘗訪辛稼軒留三日劇談方略辛喜之謂其夫人曰近得一佳士惜無可為贈夫人曰我有絹十端尚在稼軒遂將添作贐儀且奉以數

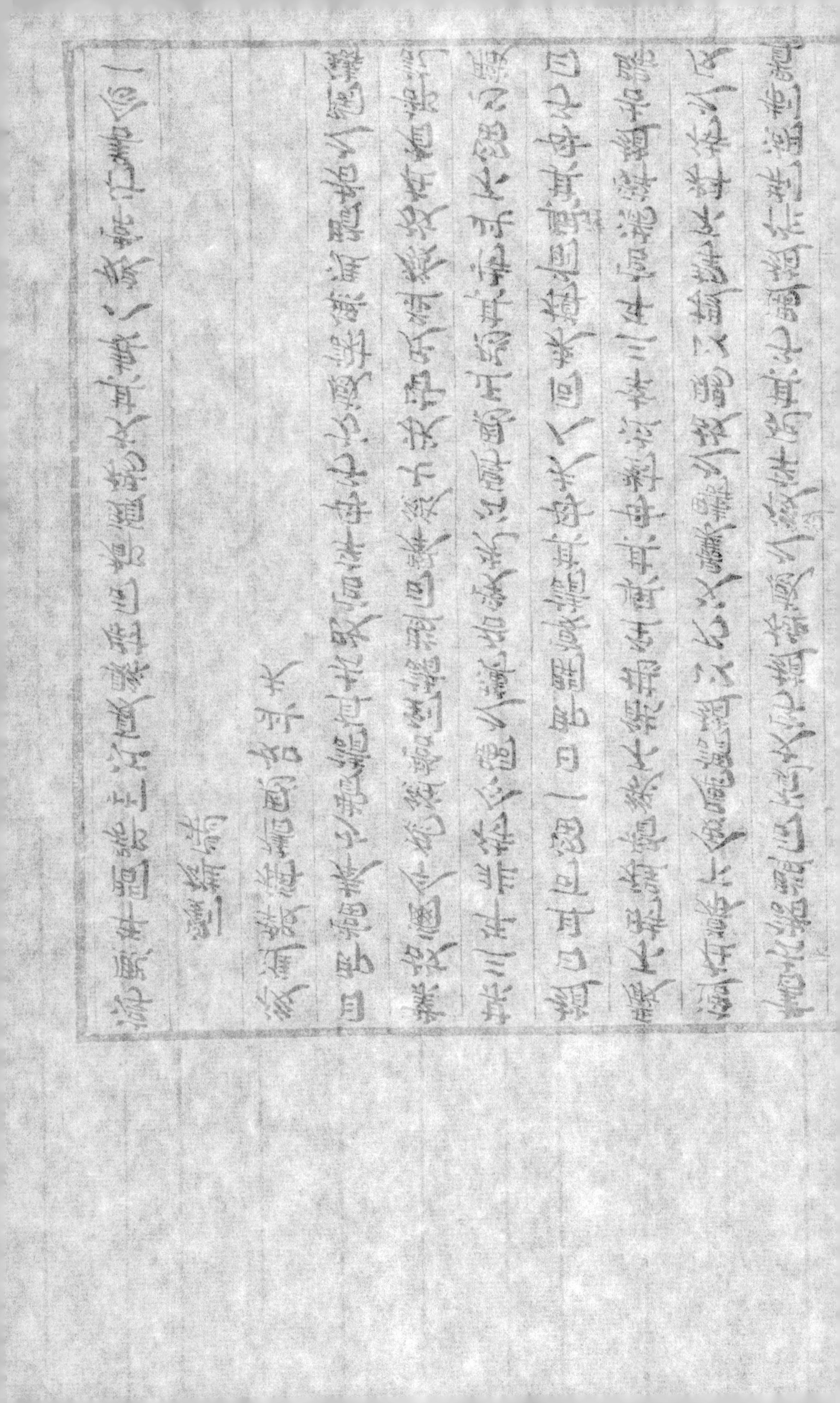

書去諸監司覔文字趙極感之後辛死其子遇趙作荊湖制置適在幕下僉屬謂趙以乃父曩疇之故賜以提挈不料待之反嚴不時程督幾不能堪至與其母對泣幸三年官滿辭趙告歸趙曰且可留一日即開宴請其母夫人同來樽前與其母子曰某三年非待令嗣之薄吾受先公厚恩正恐其恃此不留心職業故爾今為經營到諸監司舉紙七狀皆足並發放在省部訖目即當奉少費請直去改官辛母子方感謝無涯賢者之陶鑄後進報稱舊恩如此夫

劉雄飛

淳熙年間鄂州江夏縣尉司都頭楊文其妻八娘常行善念一

日隆興解到賊徒二十五人来鄂州發下尉司楊文收管拘鎖有劉雄飛者貌魁偉八娘以為異待之極厚楊文出巡捿[捕]盗八娘遂打開索鎖俾雄飛遠遁仍與雇舟盤費雄飛一夜過江宿于荒沙垻[壩]中夜半見天門大開車馬往来心内自喜至鎮江府適楊州制司招帳前敢勇軍遂投充軍隊至楊州制司調遣出軍大捷而回除帳前統制官後累有功遷權帳前副都統適和州缺守賈似道為制置使差雄飛權和州到郡數月正除知和州雄飛遣人迎楊都頭八[夫人]娘偕来時[則]八娘已死矣厚贈楊都頭俾歸作功德追薦八娘後雄飛為四川制置仍保楊都頭為帳前統制後知重慶府劉之報恩可謂至矣

[illegible]
[illegible]
[illegible]
[illegible]
[illegible]
[illegible]
[illegible]
[illegible]
[illegible]
[illegible]

錢唐遺事卷三終

錢塘遺事卷之四

武陵劉一清編

北兵渡江

開慶已未秋九月北朝憲宗皇帝親率大軍入蜀勢欲順流東下一軍自大理因斡腹南來歷邕桂之境以至静江府廣帥李曾伯閉門自守北兵遂至潭州一軍渡江自儲黃圍鄂州陷漣水軍揚州大震時相匿報朝廷若罔聞吴潛涕泣入告理宗皇帝以賈似道為荆湖宣撫策應大使進兵援鄂州尋自軍中拜右相趙葵為樞密使江東西宣撫策應大使屯兵信州遇廣右過腹之師以杜庶帥兩淮以向士璧帥潭適南來二哥九帥遇

宋候騎而死潭圍先解以高遠印應飛守鄂賈似道駐漢陽軍為聲援又命崔彥良以兵三千援隆興時趙葵移師隆興城門守備戒嚴崔兵至城下不得入抵報北兵至生米市距城三十里彥良渡江迎敵得捷保隆興者彥良之功彥良崔福子也

議遷都

已未北軍破江州瑞州衡州進圍潭州邊報轉急都城團結義勇招募新兵築平江紹興慶元京城畢議遷都謝皇后請留蹕以安人心上乃止

陰許嵗幣

開慶已未北兵渡江之後會憲宗皇帝晏駕於釣魚城下似道

乘機遣使陰約許歲幣兵解而去鄂州兵退乃庚申三月三日也北兵之圍鄂也城危在頃刻都統張勝登城諭之曰城子已是你底但子女金帛皆在將臺可從彼去北兵盡東勝於是焚燒城外民居巍然一壘外援至悉之防守遂克完城

行打筭法

賈似道忌害一時任事之閫臣行打筭法以汚之向士璧守潭費用委浙西閫打筭趙葵守淮則委建康閫馬光祖打筭浙閫史岩之徐敏子淮閫杜庶廣帥李曾伯皆受監錢之苦史亦納錢而妻子下獄徐李杜並下獄杜死而追錢猶未已也時江東謝枋得率鄧傳二千人舉義擢兵部架閣科降招軍錢給義兵

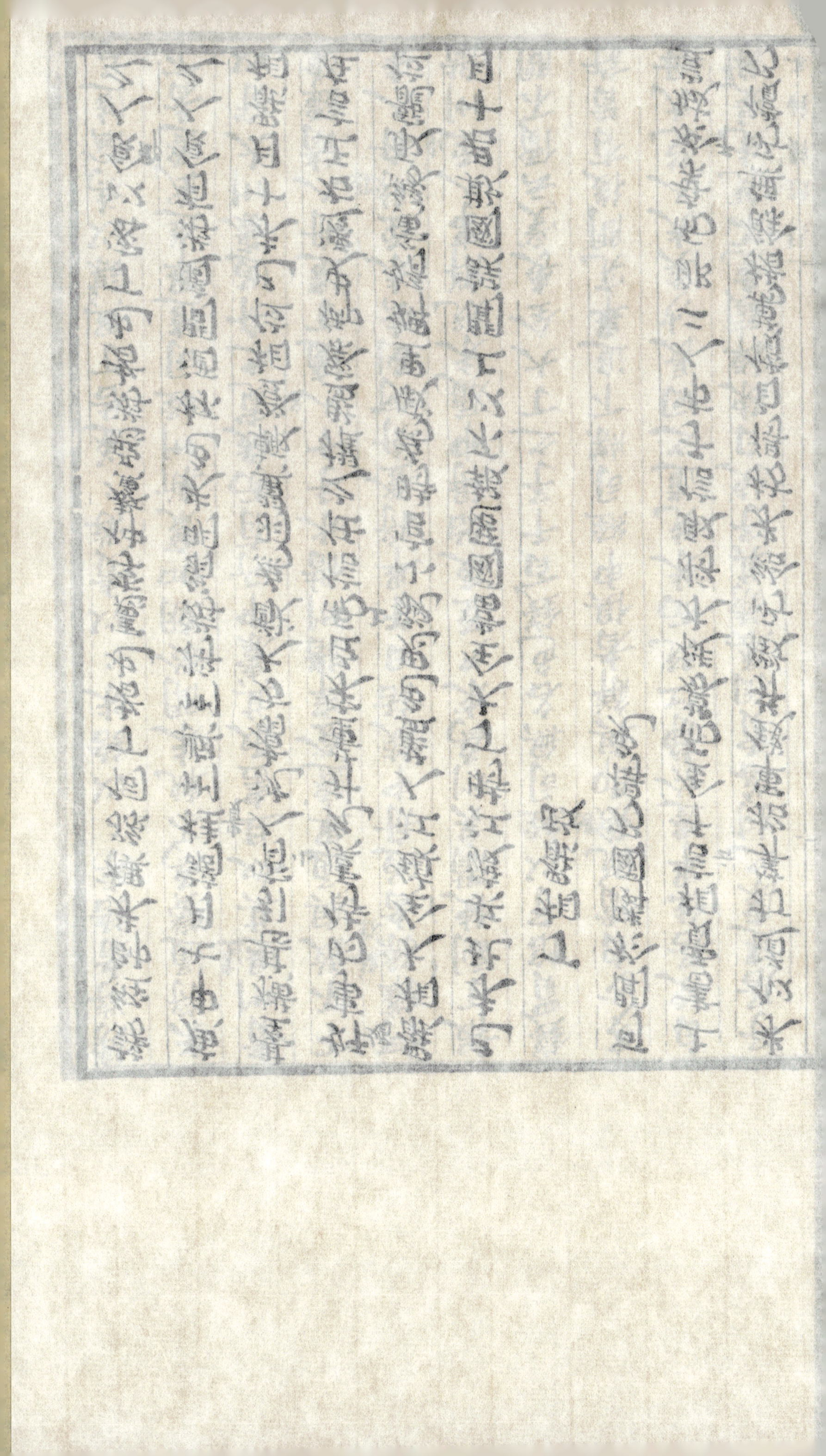

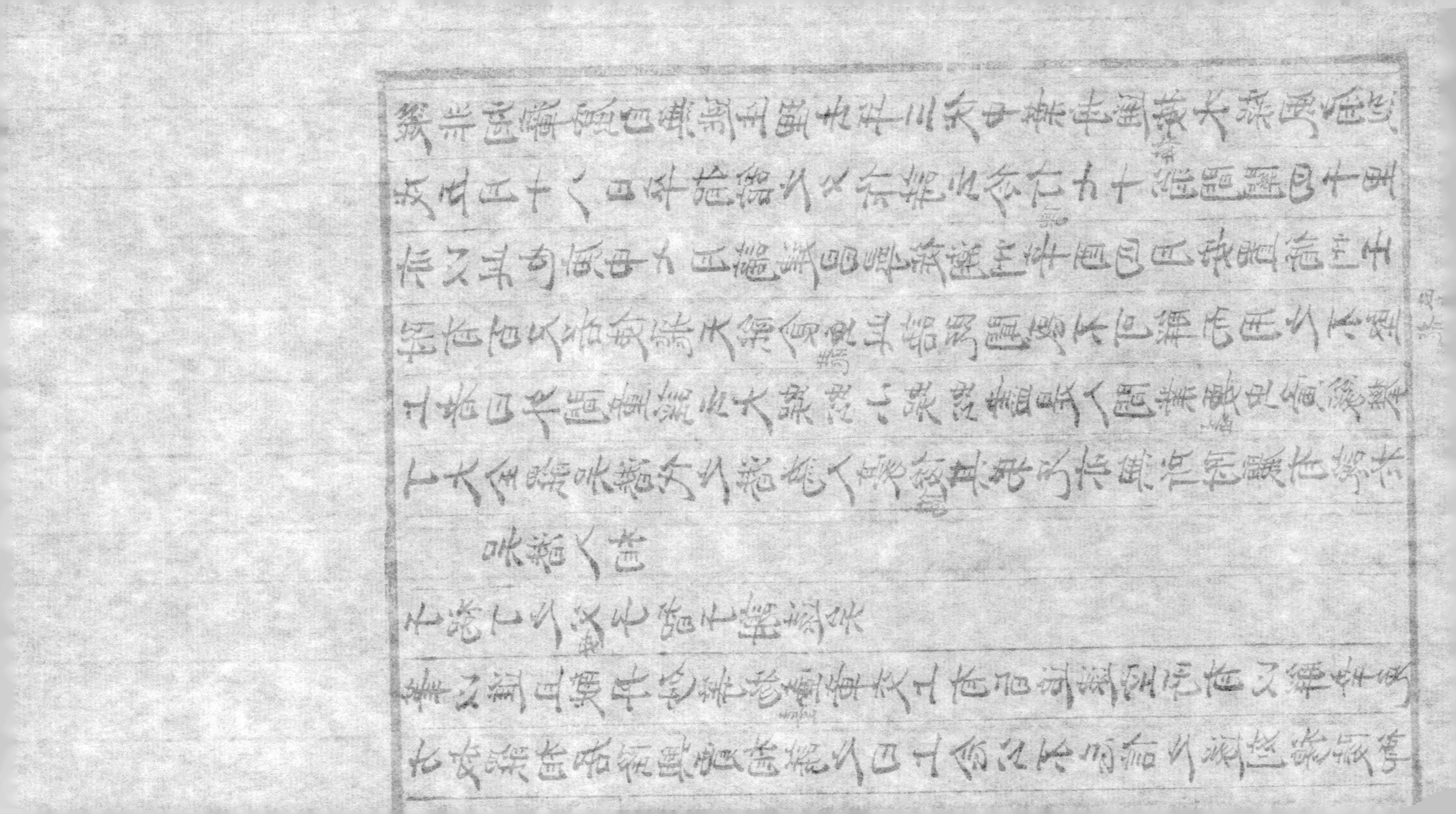

[illegible]

[illegible]

[illegible]

[illegible]

[illegible]

[illegible]

[illegible]

[illegible]

[illegible]

[illegible]

方叔嚴相居陰興賈相誘之曰上念公不忘信之遂刻穆陵御筆以進且獻丹砂等物奩章交上有旨追逮空所有以解幸免于禍丁之父子智于謝遠矣

吴潛入相

丁大全罷吴潛代之潛為人豪俊其弟兄亦無所附麗有讒於上者曰外間童謡云大蜈蚣小蜈蚣盡是人間業要虫簧緣攀附有百尺若使飛天能食蛊此語既聞惑不可解而用之不堅亦以此也庚申七月謫建昌尋徙潮州辛酉四月安置循州壬戌五月十八日卒捐館之夕作詩云伶仃七十翁間關四千里縱非烟瘴窟自無逃生理去年三伏中葉舟遡按水燥風扇烈

日熱喘乘毒氣盤回七二灘顛頓常驚悸肌體若分裂肝腸如
寸(持)碎支持達循州荒涼一墟市托迹貢士闈古屋已頹圮地濕
暗流泉風雨上不庇蛇鼠相支(交)羅螻蟈聲怪異短垣逼閭閻簷
楹接尺起(赴)凡民多死喪哭聲常四起妻或哭其夫父或哭其子
爾哭我傷懷傷懷乃可(那)止悲愁復悲愁憔悴更憔悴陰陽寇乘
之不覺入腠理雙足先蹣跚兩股更重腿擁腫大如椽何止患
蹊(蹤)蠶溪邪復入腹喘促妨卧寐脾神與食仇入口即嘔噦膏肓
勢日危和扁何為計人生固有終蓋棺亦旋已長兒在道塗不
及見吾(其)斃老妻對我啼數僕環雪涕綿蕞斂形骸安能備喪禮
孤柩倚中堂几筵卿復爾骨肉遠不知鄰里各相慰相惻亦何

言眼〻自相視龍川水泱〻教山雲委〻雲飛何處歸水流何
處止悠〻旅中䰟雲水兩迢遞朝廷有至仁歸骨或可覬䰟兮
早還家毋作異鄉鬼又自銘其棺云生於雪川死於龍水大帶(布)
深衣緇冠素履藉以紙衾覆以布被一物不得(將)歛形而已其人
伊誰履齋居士翁嘗好老莊善(喜)延方外友與客談及死生事曰
某尺(只)消一个(箇)倏然而逝時但以為戲言及至循當國者所遣人
迫翁已甚翁處之裕如作詩及銘之夕空中雷聲轟然翁形在
而神去矣先是吳潛入相以方甫胡易簡為腹心二人輕儇人
嘲之曰易簡方上議立度宗為太子公意不欲緩其事上不悅
北軍退即罷政而似道由軍中入相諷臺臣劾公罪貶循州先

是詒似道移師黃州黃在鄂下流中間乃北騎往来之衝要似道聞命以足頓地曰吳潛殺我矣移師出潛意故深憾之遣武人劉宗申為循守欲毒潛〻鑿井卧榻下自作井記毒無從入一日宗申開宴以私忌辭又宴又辭又次日移庖不得辭遂得疾而卒

賈相當國

理宗之季官以賄成宦官外戚用事似道為相年餘逐巨璫董宋臣李忠輔勒戚畹歸不得任監司郡守百官守法門客子弟斂迹不敢干政人頗稱其能然天資陰忮刻深置緣櫃招人告訐立七司法苛密煩碎議者不以為便

李壇歸國

李全死後其子松壽據有山東駸駸踰淮據及漣水連年為患

景定庚申八月忽有書貽賈相條兩浙制置李庭芝繳進往復

十數始疑中信其終則真壬戌詔改漣水軍為安東州及降德

音特授李壇保信武寧軍節度使督視京東河北等路軍馬齊

郡王宣賜奬諭追復其父李全官爵改正日曆御製詩賜賈相

云力扶漢鼎頼元勲泰道宏開萬物新聲暨南郊方慕義恩漸

東海悉来臣凱書已奏三邊捷廟筭潛消萬里塵坐致太平今

日事中興玉曆喜環循

嚴覆試

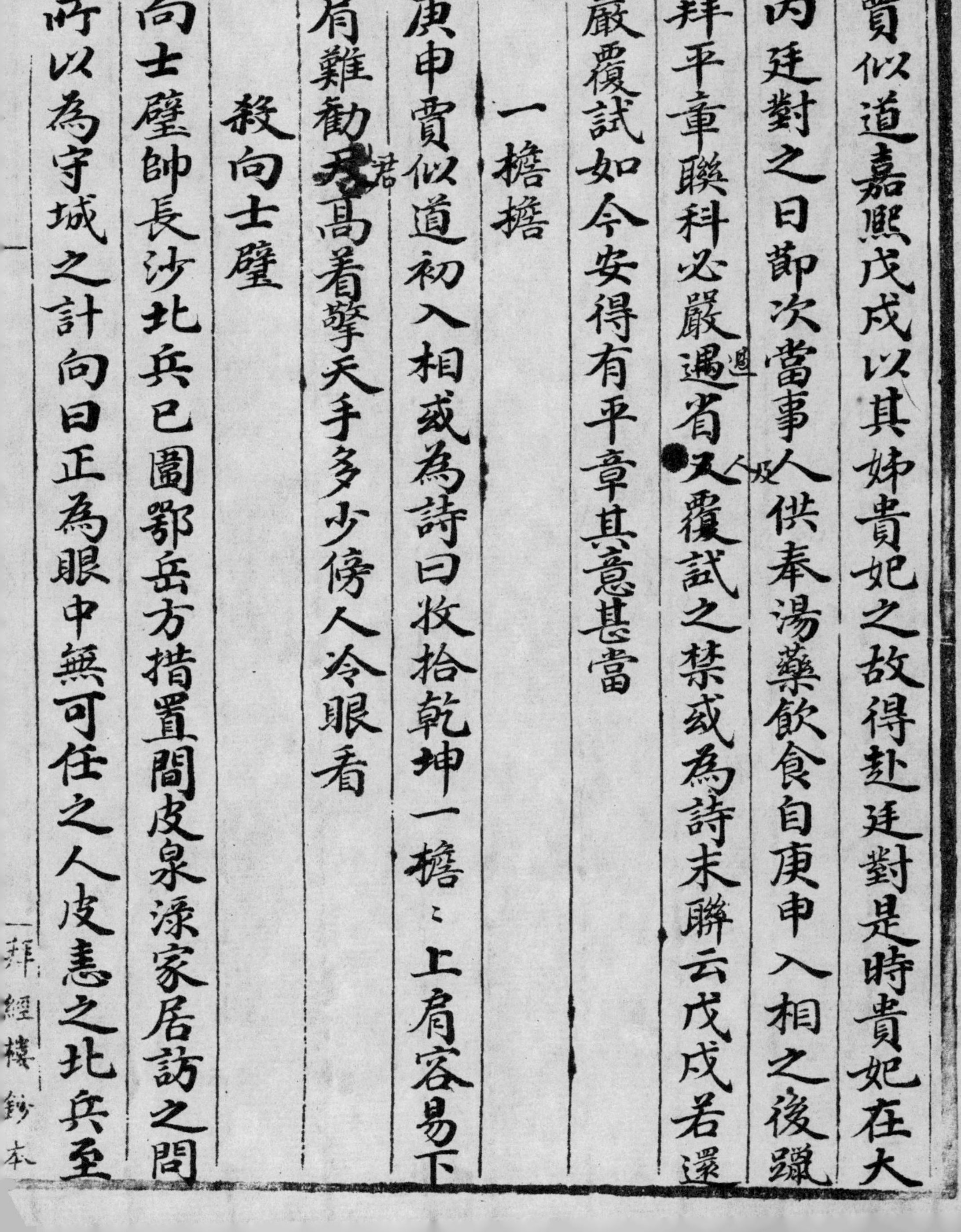

賈似道嘉熙戊戌以其姊貴妃之故得赴廷對是時貴妃在大內廷對之日節次當事人供奉湯藥飲食自庚申入相之後躐拜平章聯科必嚴遏省又覆試之禁或為詩末聯云戊戌若還嚴覆試如今安得有平章其意甚當

一擔擔

庚申賈似道初入相或為詩曰收拾乾坤一擔〻上肩容易下肩難勸君高着擎天手多少傍人冷眼看

教向士壁

向士壁帥長沙北兵已圍鄂岳方措置閭皮泉滌家居訪之問所以為守城之計向日正為眼中無可任之人皮恚之北兵至

向親率軍民且戰且守既置飛虎軍又募斗弩社朝夕親自登城慰勞辛能保潭斗弩之力居多度入朝百計短毀似道妬賢嫉能乃嗾臺諫孫附鳳劾之辛酉詔奪向士璧從官恩數令臨安府追究侵盜掩匿情節竟坐遷謫擠之死地天下寃之

劉整叛北

劉整以瀘州降北先是鄭興守嘉定被兵整自瀘州赴援興不送迎亦不宴犒遣吏以羊酒餽之整怒杖吏百而去及興爲蜀帥而瀘州乃其屬郡興遣吏打筭軍前錢粮整賂以金瓶興不受復至江陵求興母書囑之亦不納整懼又似道殺潛殺士璧整益不安乃以瀘州降北軍壓境整集官吏喻以故曰爲南者

立東廡為北者立西廡官吏皆西立惟户曹東立殺之與西立
二十八司歸北京湖制置呂文德復瀘州文德號為黑灰團磬
歸北上急攻緩取之書謀取襄陽曰南人惟恃一黑灰團可以
利誘也乃遣使于文德求置榷場于樊城外文德許之使曰南
人無信安豐等處榷場或為盜所掠須築土墻以護貨物文德
不許使辭去或謂文德曰榷場成我之利也且可因以通和好
文德以為然追使者不及既而使者至復申前議文德遂許[illegible]
為請于朝開榷場於樊城外北人築土墻於鹿門山外通立[illegible]
築堡襄帥呂文煥知被欺凡兩申制置司為親吏陳文彬匿之
北人又於白鶴城增築第二堡文煥復申制司文德大驚頓足

何處又來不濟事師先生都不當關上門又見鶯鶯一夜東風三
一任乘風敗篷殘紅不救只今道是拜許與慧眠迎逼一邊三更半
天漢光不論高低并上下平白都教一陣鬧鬪西廂六么品遍與三
賞秋窗圖東藏一夜有雪詞叢入宿日沒巴沒亦飛胡曾雨放比翼

雪詞

又至日亦

言詞書改故後都無來與寧題君道右白西真正不通其失信比翅
賞饭道隨許北頭殿蕾故都生直閑西自事取人侮眼笑口巧語

右鶯出俊

曰集題庶洛故也即請且送入會回應付

曰誤朝廷者我也即請自赴援會病卒

拘留北使

賈似道陰許北朝歲幣故鄂州渚退師自事定之後冒爲已功諱言前事及北使郝經來尋盟似道拘留真州不遣其失信北朝以至召兵

雪詞

賈相當國陳藏一作雪詞譏之詞曰没巴没鼻霎時間做出漫天漫地不論高低并上下平白都教一例鼓動滕六神招邀巽二一任張威勢識他不破只令道是祥瑞却是鵝鴨池邊三更半夜誤了吴元濟東郭先生都不管關上門兒穩睡一夜東風三

竿暖日萬事隨流水青皇笑道山河元是我底詞名念奴嬌

紫原三策

咸淳年間汪紫原士信於襄危之際以書抵賈相陳三策一謂內地何用多兵宜盡抽之以過江可得六十萬或百里或二百里置一屯皆設都統七千里江面總三四十屯設兩大藩府以捴攝運掉之緩急上下流相應必無能破吾聯絡之勢者久之日益雖進亦可二謂久拘使者在京湖何益不如遣使偕行啗以厚利緩其師期年歲間我江外之藩垣成氣象固且江南之生兵日益矣三謂若此兩說不可行惟有准備投拜其意蓋以激賈行二說也賈得書大怒曰瞎賊敢爾妄語遂諷臺諫罷黜

原歸金陵不數月北兵渡江九江以下皆失守乃以端明招討
契公則已無地席矣紫原以家囑愛將金明而令金明以子從
之遇淮時賈出督相遇拊紫原背而哭曰端明端明某不用公
言遂至此紫原曰平章今日瞎賊更說一句不得賈問紫原何
故對曰今江南無一寸乾淨地某去尋一片趙家土上死也要
死得分明後抵高郵適伯顏丞相經駐紫原之家有告以紫原
曾獻三策于賈者丞相驚嘆江南有這般人這般話若遂用吾
得至此耶尊禮其家者小甚至欲發兵迎取之金明不敢告以
在高郵而密价以報紫原拊案大哭曰吾猶幸得在趙家地上
死也竟大慟而絕時人有詩曰厚我藩垣長彼貪不然銜璧小

邦男廟堂從諫真如轉竟用先生策第三

錢唐遺事

卷四終

錢塘遺事卷之五

武陵劉一清編

推排公田

咸淳壬戌殿院陳堯道正言曹孝慶合奏限田之法自昔有之置官戶踰限之田嚴歸併飛走之弊回買官田可得一萬千畝每歲則有六七百萬石之入其於軍餉沛然有餘可免和糴可以餉軍可以住佳造楮幣可平物價可安富室一事行而五利興寔為無窮之利上然之時賈似道為相欲行富國強兵之策時劉良貴為都曹總尹天府吳勢卿餉淮東入為浙漕遂交贊公田之事吳勢卿死乃以劉良貴為提領陳訔為檢閱官以副之良

貴請下都督嚴立賞罰究歸併之弊上曰永免和糴無如買逾限之田為良法然東作方興權俟秋成續議施行賈似道憤怒求去上曰買田永免和糴自是良法美意要當始于浙西庶他路視為則也所在利病各有不同移難於一律可令三省照此施行賈似道內引入劄力言其便上從其言三省奉行惟謹與似道遂先以自己浙西萬畝為公田倡嗣榮王繼之趙孟奎自陳投賣自是朝野無敢言者獨禮部尚書徐經孫疏言買田之害以言不行乞致仕後公田且行於浙西他路竟免和糴自若由是德經孫者半天下也。公田初議以官品逾限田外買之此猶有嫉富抑強之意繼而派買除二百畝以下者免餘各買三分之一其後雖百畝之家亦不免立價以租一石名者償十八界會四十楮不及減買數稍多則銀絹相半又多則以度牒告身准直登仕三千楮將仕千楮許赴漕試校尉萬楮承信一萬五千楮承節二萬楮則理為進納安人四千楮孺人二千楮

公田專官

提領劉良貴檄府丞陳訔往湖秀將作丞廖邦傑往常潤任督催之責六郡有專官平江則知郡包恢撫參成公策嘉興則知郡潘墀撫幹李補寓公焦燠炎安吉則知郡謝奕寓公趙與訔撫幹王唐珪臨安則察判馬元演常州則知郡洪穮運使劉子庚鎮江則知郡章堈漕司准遣鄭夢熊江陰則知郡楊班准遣佳

浙運司常州鎮江隸總所每歲新租輸之官倉特與減饒二分或水旱則號議放數遂立四分司王大呂平江方夢王嘉興董楷安吉黃震鎮江常州江陰三郡初以選人為之任滿則理為入班州縣鄉都則分差莊官以富饒者充應兩年一替每鄉創官莊一所每租一石明減二斗不許多收其間昆陵澄江一時迎合止欲買數之多凡六七斗者皆作一石及收租之際元額有虧則取足於田主以為無窮之禍或內有磽瘠及租佃頑惡之處又從而更換於田主其禍尤慘

謫皮龍榮

叅政皮龍榮者上東宮舊僚也居潭州知俗道忌之杜門不預

人事一日上偶問龍榮安在似道疑其再入時李雷奮憲湖南似道陰諷雷奮劾之先是雷奮訪龍榮龍辭以故既退以小鬼斥之或以語雷奮雷奮不能平至是疏其貪利營私之罪且以為幸祥琴之甫奏即揆應以自居於州郡從吉之伸冀朝廷收召之速又語每對人言有吾擁至尊於膝上之語蓋龍榮為東宮官故也有旨謫衡州衡州雷奮治所也遂自酖死

銀關先識

見錢關子始于紹興元年冬張浚屯軍婺州朝廷以水道不通貼置召商人見入錢于婺州執關子請見錢於杭越榷貨務每千加十以為優潤六年張忠憲為都督張澄主管財用請依四

川法造交子與見錢並行後三十一春春遂置行在會子務景定甲子賈相當國造金銀見錢關子時十九界矣以一準十八界之三厰十七界不用其關子之制上黑印如品字中紅印三相連如目字下兩傍各一小長黑印宛然一賈字也銀關之上列為寶蓋幢幡之狀目之曰金幡勝以令代麒麟閣何人第一功為號「後北朝大兵渡江下江南之時」如入無人之境人以是為讖信然

竄謝枋得

建寧府教授謝枋得校文江東漕闈發策詆時政似道怒竄興國軍其江東十問倫陳賈似道景定以後政事知國家必亡於權

國[illegible]十[illegible] [illegible] 圖[illegible]

[illegible]

[illegible]

[illegible]

[illegible]大[illegible] 人[illegible]人[illegible]人[illegible]

[illegible]四[illegible]四[illegible]人[illegible]丨

[illegible]四[illegible]丨[illegible]丨[illegible]

[illegible]川[illegible]十[illegible]西[illegible]中[illegible]川

[illegible]中[illegible]國[illegible]中[illegible]十[illegible]丨[illegible]十[illegible]

三[illegible]中[illegible]川十丨[illegible]中[illegible]

臣之手至如八陵一問讀之使人淚下

推排田畝

理宗朝嘗欲舉行推排之令廷伸有言而未行也賈似道當國卒行之有人作詩曰三分天下二分亡猶把山川寸寸量縱使一坵添一畝也應不似舊封疆又有作沁園春題於道間者道過江南泥墻粉壁右具在前述某州某縣某鄉某里住何人地佃何人田氣象蕭條生靈憔悴經畧從來未必然惟何甚為官為已不把人憐思量幾許山川況土地分張又百年正西蜀巉岩雲迷鳥道兩淮清野日警狼烟宰相弄權奸人罔上誰念干戈未息肩掌大地何須經界萬取千焉

慧星之變

景定甲子秋七月甲戌慧星出柳芒角燭天長數千丈自四更從東方見日高方斂如是者月餘叅政楊棟謂是蚩尤旗非慧也遭論去國上減膳避殿臺臣交章言星變灾異皆公田不便民間愁嘆不平之所致乞罷公田以答天意似道力辨人言乞辭相位上曰言事易任事難自古然也然公田之說不可行則卿建議之始朕已沮之矣惟其上可以免朝廷造楮之頻下可以免浙西和糴之擾公私兼濟所以畢意命公舉行之今業已成矣一歲之軍餉皆仰給於此若遽因人言而罷之雖可以快一時之異議如國計何如軍餉何卿既任事亦當任怨禮義不

愆何恤人言御宜安心毋孤朕倚毗之意自此公論頓沮矣是秋邉無儆報國無大咎十月理宗升遐先是嘉定壬午八月初五夜慧見於西南方去地不甚遠尾長三丈餘初十日夜光芒亘天至甲申寧宗升遐始驗藝祖升遐慧亦出柳云賈似道奏云慧出三河周分與河南無干

理宗升遐

景定甲子冬十月理宗崩上自臨御以來始終崇奬周程張朱諸儒義理之學故得廟號曰理宗陵曰穆陵御書閣曰顯文閣原廟殿曰章熙殿理宗興於側微崇儒納諫賓紹間以史彌遠有擁立功于萬幾讓遜無所預彌遠卒始親召真德秀魏了翁

諸君子於朝號端平為小元祐然自即位以來失襄失淮失全蜀三邊流血庚子大旱壬子建寧大水內郡之民死者相枕籍開慶己未北兵南來社稷幾亡矣而猶不親身見之亦可謂福

理宗政迹

理宗龍顏隆準臨朝坐輦端嚴若神端平初勵精為治信向真魏諸賢廷紳奏疏三學叩閽悉經御覽所言訐直無不容受間以罪斥旋復收用此其盛德也在位既久嬖寵浸盛中貴盧允升董宋臣女冠吳知古等薦引奔競士驟至通顯賄賂公行又用外戚子弟任畿輔監司郡守贓罪狼籍臺臣論奏則宣諭節貼而已董宋臣等以奢侈導上意信方士妄稱五福太乙自嘉定已

巳南入巽宮臨吳越分之作太乙宮又作龍翔宮集慶寺以祈福作湖上西宮造御舟以備游幸作禁苑芙蓉閣香蘭亭以供游玩戲又作闥賈二妃奉先功德寺極土木之功專置修內一司以內侍管領望青伐木自德壽故宮王邸戚里民家坟塋皆不免又置修內司莊御前莊開献納之門沒入兩爭田土名曰献助寔則白取禁中排當頻數娼妓傀儡得入供應宮嬪廩給泛賜無節有職掌名位之分外其先朝者艾六字號夫人者嘉定之六百員淳祐增至一千員內藏告乏則移之封樁左藏庫何其不節耶

度宗即位

理宗崩度宗即位改元咸淳慶元府育王寺舍利塔晉時許詢所造每經一朝則必頹圯一次蕭梁以後累加修整雍熙年間衆議重修非數萬緡不可一行童於大衆中頂禮曰我願勸緣以成其事衆曰何言之易答曰只印此塔影逐日沿門念佛請施何患不成主僧然其言後所得甚微不足以就行童乃曰今天下惟八大王榮邸前有錢我持疏勸緣必可如願詣府開疏大王止題一千緡行童歸自斷其臂血流不止遂死自火葬後莫有言前事者度宗庚子歲生于八大王府日夕啼哭不已更數乳母多獲譴最後一乳母捧抱行廊廡間入小閣見所粘塔影忽然大哭既去復顧因以水噀取置手中自是不復啼泣乳

母以告大王始悟所題疏末勾下本寺問故僧具言行童自府歸斷臂流血不止以某年某月某日終計其死之時即度宗生之旦也大王遂捐貲以成其事度宗入宮將册為皇太子（理宗）忽夢有告之者曰此十年太平天子也遂斷自宸衷以繼大統後享國之歲悉如所夢云陸務觀詩人間八萬四千塔便合推為第一仙即此塔也

全后

開慶己未議皇太后（子）妃丁大全以京尹顧喦女為言一日謝后召入大內宮嬪進花一枝后令侍御以進賜既退（次日）后感疾議遂寢庚申歲乃議全昭孫女昭孫值北兵避地于岳州臨湘之間

逾數日入京遂册立為妃

士人言賈相

咸淳丙寅臨安府士人葉李蕭至等上書詆似道專權害民誤國似道怒嗾士人林德夫誥京尹劉良貴告李等泥金飾齋匾不法(黥)竄諸州

臺諫應故事

以李(李)可為察院時賈相當國益忌臺諫言事悉用庸懦易制者為之彈劾不敢自由惟取遠小州太守及州縣小官毛過(擧)細舉(故)應故事而已

似道專政

[illegible]

[illegible]

[illegible]

[illegible]

[illegible]

[illegible]

[illegible]

[illegible]

[illegible]

[illegible]

咸淳丁卯賈似道平章軍國重事魏國公葉夢鼎為右丞相時賈似道專政夢鼎充位而已似道一月三赴經筵三日一朝赴中書省治事上初立朝政一委大臣似道益自專上稱之曰師臣通國稱之曰師相曰元老居西湖葛嶺賜第五日一乘車舡入朝不赴都堂治事吏抱文書就第呈署宰執書紙尾而已朝夕謀議則館客廖瑩中外則堂吏翁應龍諷臺諫彈劾諸司薦辟舉削及京尹畿漕處斷公事非關白不敢自專在朝之士忤意者輒斥去後葉夢鼎江萬里皆歸田軍國重事似道於湖上閒居遥制時人語曰朝中無宰相湖上有平章

半閒亭

度宗賜似道第於湖上似道匾亭曰半閒以停雲水道人每治事嚴則入亭中習打坐有佞之者上糖多令詞大稱似道意議者謂其時乃聖哲馳騖而不足之秋也曾謂似道而以半閒自處乎其詞曰天上謫星班青牛初度關幻出蓬萊就(新)浣(院)宇花外竹〻邊山軒冕倘来間人生閑最難筭真間不到人間一半神仙先占取留一半與公閑似道為國之重臣而可以閑中消日月耶天下烏得不壞

排當

宮中飲宴名為排當在理宗朝排當之禮多內侍自為之一有排當則必有私事寄啟度宗因之故咸淳丙寅給事陳宗禮有

言曰内侍用心非借排當以規羨餘則假秩箧以奉殷勤不知聚幾何州汗血之勞而供一夕笙歌之費此說可想矣古詩云花磚緩步退朝衙排當今朝早賞花玉鞓金鞍皇后馬香輪綉轂御前車

賈相舉令

一日凝翁招碧梧馬廷鸞西磵葉夢鼎行令舉一令要一物與人得物者還以一聯詩凝翁云我有一局棋付與棋師棋師得之予我一聯詩自出洞來無敵手得饒人處且饒人碧梧云我有一竹竿付與漁翁漁翁得之予我一聯詩夜靜水寒魚不餌滿舡空載月明歸西磵云我有一張犁付與農夫農夫得之予

我一聯詩但存方寸地留與子孫耕似道大不悅而罷

賈相之虐

似道居西湖之上嘗倚樓望湖諸姬皆從適有二人道粧羽扇乘小舟由湖登岸一姬曰美哉二少年似道曰爾願事之當令納聘姬笑而不言逾時令人持一盒喚諸姬至前曰適為某姬受聘啟視之則姬之頭也諸姬皆戰慄似道于浙西行公田民受其害有題詩曰襄陽累戰困孤城豢養湖山不出征不識咽喉形勢地公田枉自害生靈至乙亥罷相公田國事俱休矣

錢唐遺事卷五終

錢塘遺事卷之六

武陵劉一清編

降生皇子

咸淳戊辰閏正月初六日天明大風雷雨居民運（屋）時皆動日午楊美人降生皇子是爲益王十一月畫冬全氏降生皇子是爲嗣君

李璀掛冠

咸淳戊辰龍飛狀元興化陳文龍同郡李璀太學貫道斋内舍（上）係第三甲正奏名唱名後乞以本身致仕合得恩例盡以回贈父母上書畢辭先聖及三魁同舍出錢塘門脱緑袍掛於門上

泛舟而去時三魁同舍皆送別瓘有詩云人言學古思入官我謂學易而官難平生透出夢覺關本來面目只儒酸吾親不俟若為歡不如歸去卧林間殿前三策罄忠肝多謝皇恩天地寬戲彩卸了白衣還扁舟飛過子陵灘前修亦有逋與摶聖世待之俱寬閒何物种放太厚顏山鬼移文伐其奸此行無復出閩山休音息影谷之盤今朝釃酒醻雲壇便向錢塘門掛冠又有詩云有手須搴龍袞衣有頭須叩九堦墀有口須讀離騷詞有腹須飽商山芝有身不願掛緑皮笑問此身欲何之石室山之巔重湖水之湄陶公潛云樂夫天命復奚疑

龍飛賦題

咸淳戊辰龍飛省試考官商議出題皆欲出天子聖人於是别院出乾為天正院出帝德廣運皇天眷命皆大金年號而天眷又正是徽欽過北之事時人為之語曰正院無天子别院少聖人廣運與天眷却是把四國渥

襄陽受圍

咸淳戊辰北兵圍襄陽攻襄陽劉整之計也整宋驍将號鉄胡孫已未大兵渡江止遷踔之議者丞相吳潛也盡守城之力者師臣向士壁也奏斷橋之功者曹世雄其一而整次之似道功賞不明殺潛殺士壁殺世雄整守瀘州懼禍及已遂叛獻策南伐上急攻緩取之書南東之兵勢地勢如指如掌進攻之計不

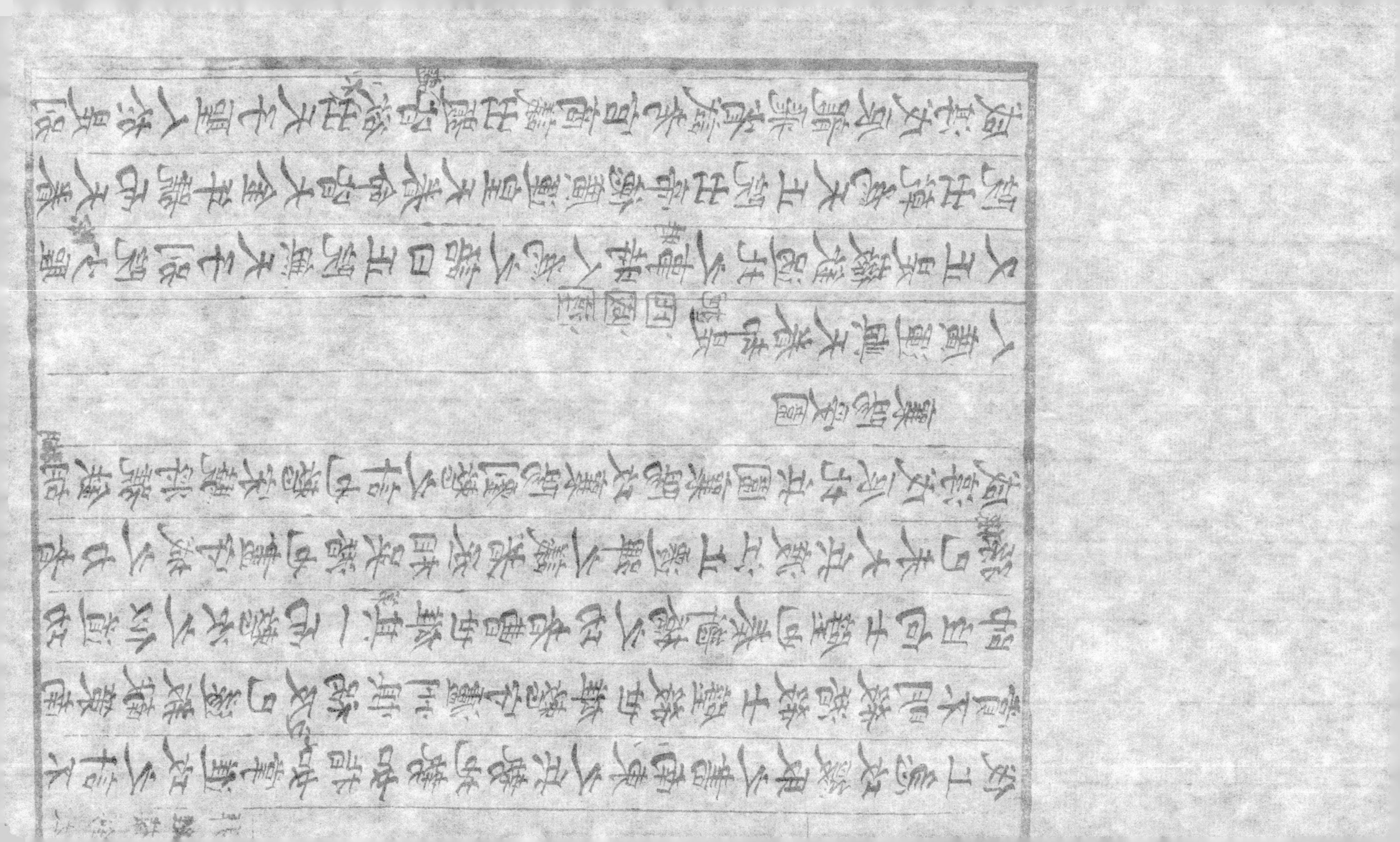

[illegible]
[illegible]
[illegible]
[illegible]
[illegible]
[illegible]
[illegible]
[illegible]
[illegible]
[illegible]
[illegible]

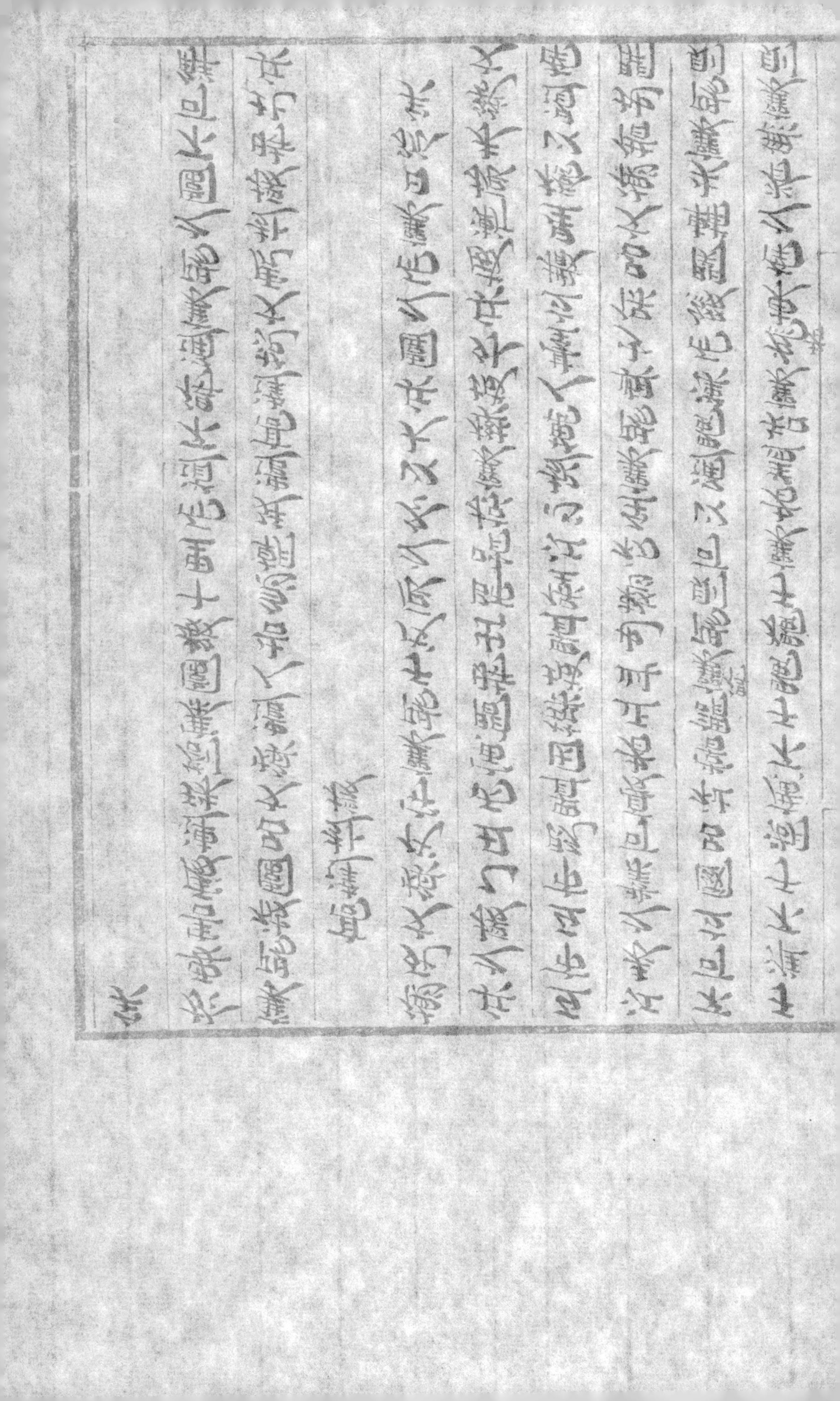

[illegible]
[illegible]
[illegible]
[illegible]
[illegible]
[illegible]
[illegible]
[illegible]
[illegible]
[illegible]
[illegible]

于淮不于湖廣不于蜀獨于襄者盖知襄為者東南之脊無襄則不可立國呂祉嘗謂得襄陽則可以通蜀漢而綴關輔失襄陽則江表之業可憂者正此也慗初至襄陽與少保呂文德借地開互市互市既置因築城置堡江心起萬人臺立撒星橋以遏南兵之援乙丑丙寅間時出師哨掠襄樊城外兵威漸振未幾文德死文煥代守襄陽于戊辰之冬以大兵圍之而襄日孤矣

高達赴援

襄陽被圍呂文煥遣人告急朝廷遣高達范文虎赴援時北兵於要害處連珠劄寨圍數十里而道不得通襄陽之圍不可解矣

賈相出督

似道請出督而又陰嗾臺臣以留之寔無意于出也乃以范文虎為殿帥孫虎臣為步帥

時相不合

咸淳已巳葉夢鼎辭位不允徑去以江萬里拜左相馬廷鸞拜右相輪日知印萬里與似道議事不合乃罷去

戲文誨淫

湖山歌舞沉酣百年似道少時佻健尤甚即入相後猶微服間或飲于妓家至戊辰已巳開王煥戲文盛行于都下始自太學有黃可道者為之一倉官諸妾見之至于群奔遂以言去繼有

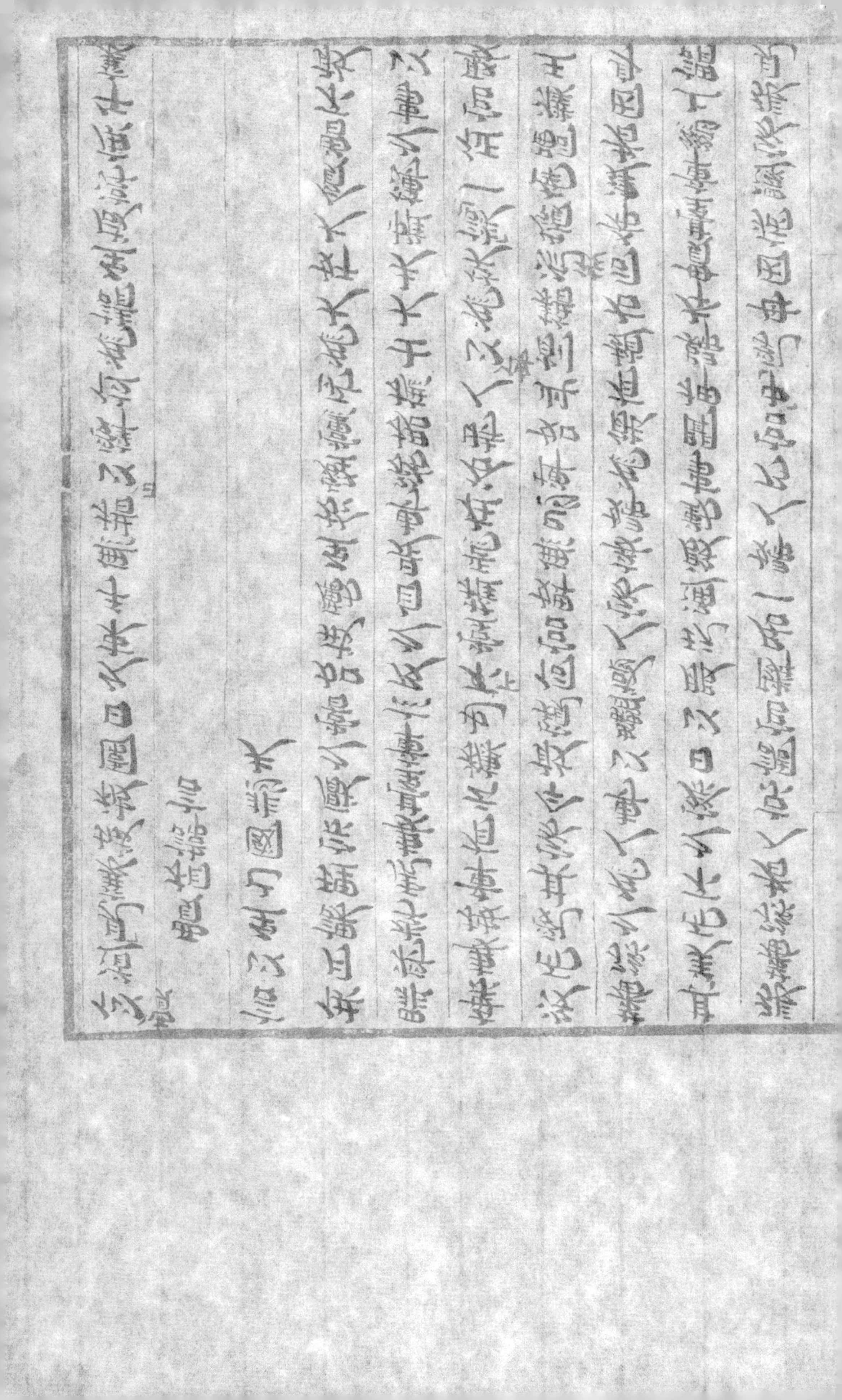

張蕃孫者入京調官隣居一婦人乃宮中乳母因病還家張見其美而不之察日以服玩通殷勤事聞押歸本貫臺章總上謂蕃孫之為人專以蠱惑人家妾婦為能有趙右司希建者因身沒而亂其家令敢窺伺宮婢無忌憚如此削籍流徙嶺南嗣濮王棄妻按章有云糠也不下堂癰焉在谷時人傳以為笑談一征官娶罪將李虎妻臺章亦及之自是專務搯摭士大夫帷薄之事以供月課理宗厭之嘗加戒勵至於壑黨所為大奸大貪曾不敢言以至亡國悲夫

賈相諱言

似道見襄城被圍日久束手無措以辭位為請至咸淳庚午襄

陽之圍不解者三年矣一日度宗問似道襄陽之圍三年矣似道對曰北兵已退去陛下得臣下何人之言度宗曰適有女嬪言之似道詢問其人誣以他事賜死自是邊事無敢言者

明堂遇雨

咸淳壬申九月祀明堂平章賈似道為大禮使駕幸景靈宮回宿太廟質明有司奏中嚴外辦請升玉輅大雨如注胡貴嬪之兄帶御器械胡顯祖檢討開禧登輅遇雨乘逍遙子故事面奏上白賈〻欲候雨止登輅顯祖回奏平章已肯上遂冒雨乘逍遙子直入和寧門百官愕然莫知所以禮成肆赦似道奏臣充大禮使而陛下舉動不得與聞乞罷政即日出嘉會門三降御筆

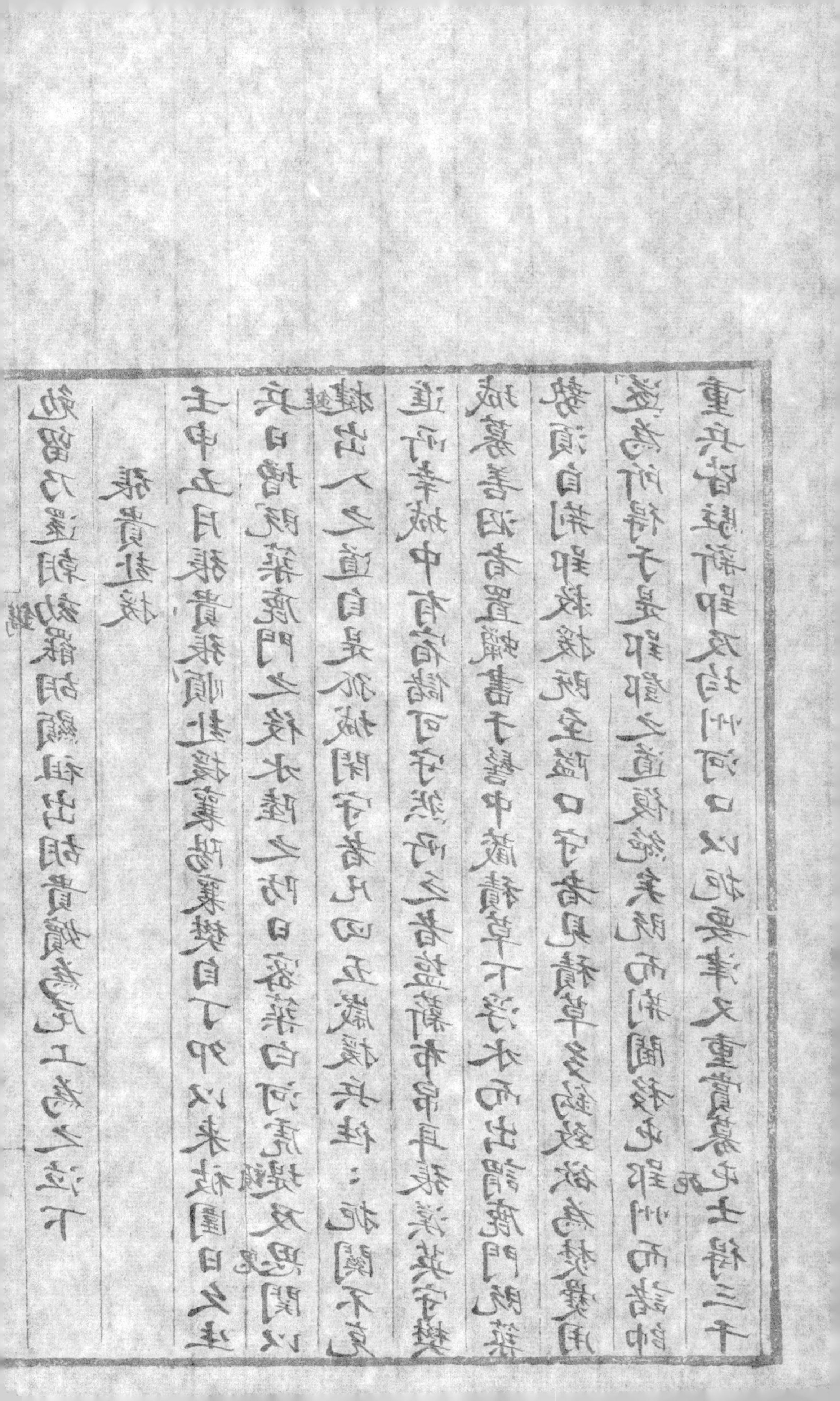

[illegible]

勉留乃還朝劾羅胡顯祖出胡貴嬪為尼上為之泣下

張貴赴援

壬申五月張貴張順赴援襄陽襄樊自丁卯以來被圍日久生兵日增既築鹿門之後水陸之防日密築白河虎堤及思闗以撻出入之道自是孤城閉守者凡四五歲援兵往〻扼闗不克進所幸城中有宿儲可守然所乏者塩薪布帛耳張漢英守樊城募善泅者置蠟書于髻中蔵積草下浮水而出謂鹿門既築勢須自荆郢救援既至隘口守者見積草多鈎致欲為樊爨用遂為所得于是郢鄧之道復絶矣既而荆閫移屯郢州而諸帥重兵皆駐新郢及均州河口以扼要津又重賞募屯士得三千

人皆襄郢山西民兵之驍悍善戰者求將久為得民兵部轄張順張貴為號張貴為矮張所謂大張都統小張都統者其智勇為諸軍所服先于均州上流名中水立便寨遣水哨輕舟百艘每艘三十人塩袋布二百且令之曰此行有死而已壬申五月漢水方生於二十二日稍進環山下越二日又進高頭港口結方陣各舡置火搶火炮熾炭巨斧夜漏下三刻起舡出江以紅燈為號將先登順為殿乘風破浪徑犯重圍至磨洪灘以上敵舟布滿江面無罅可入鼓勇乘銳風斷鉄絙攢筏數百屯兵雖衆皆披靡以避其鋒轉戰百二十餘里二十五日黎明抵襄城城中絕援久救至大喜及收軍點視獨失張順軍中為之短氣

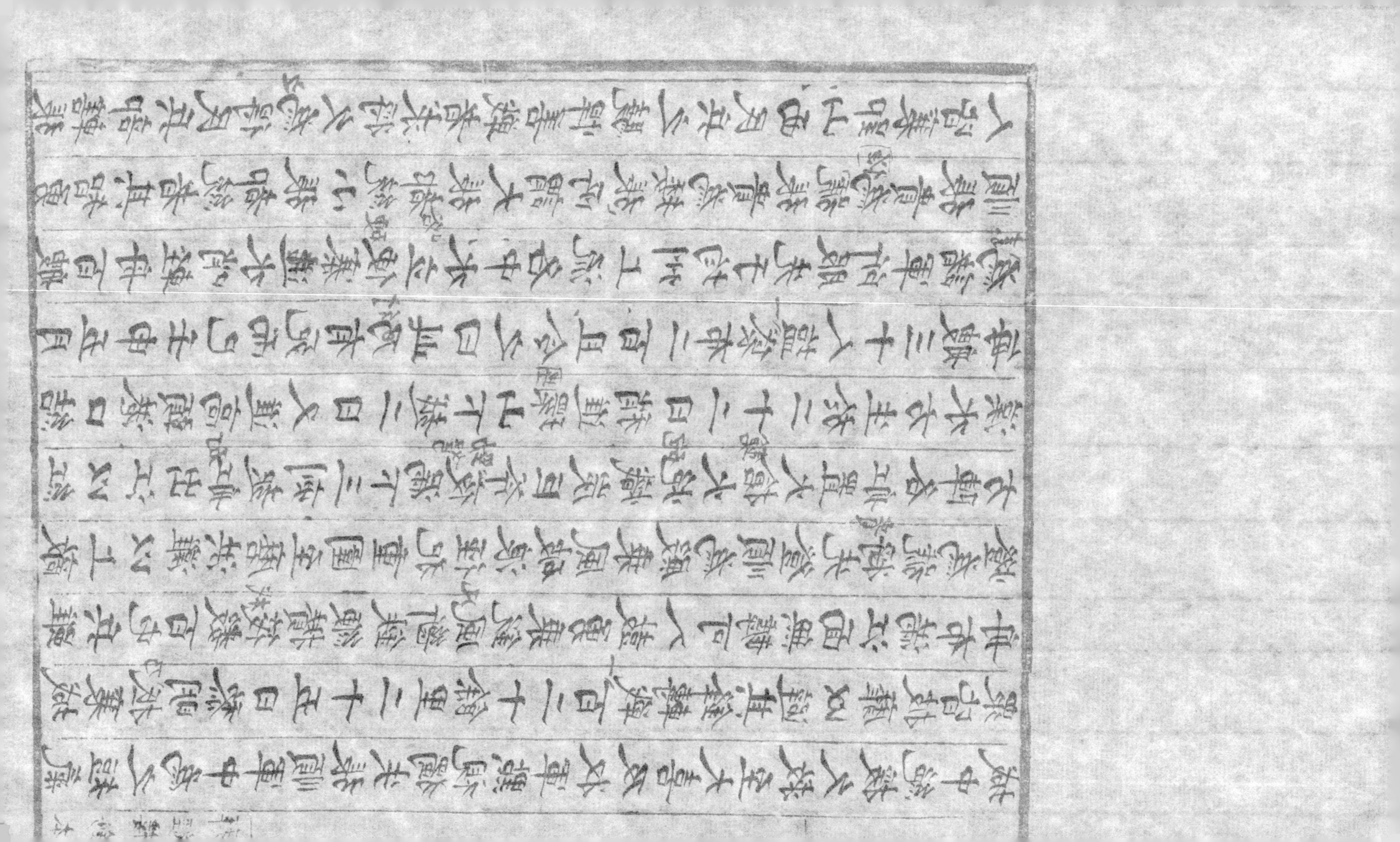

[illegible]
[illegible]
[illegible]
[illegible]
[illegible]
[illegible]
[illegible]
[illegible]
[illegible]
[illegible]
[illegible]

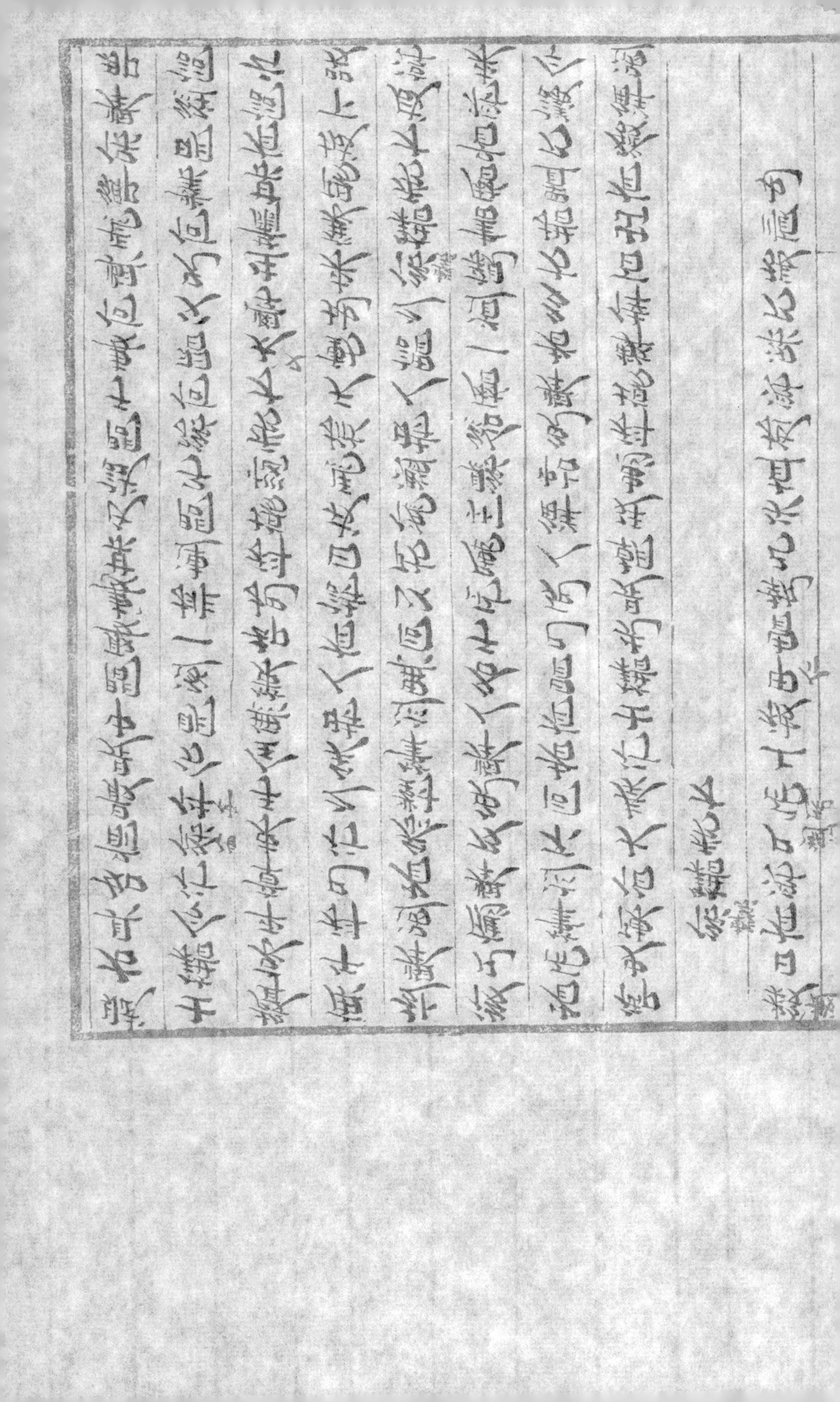

數日有浮尸而上被甲冑執弓矢直抵浮梁乃張順也

係籍秀才

御史陳伯大奏行士籍先是朝廷患科場弊倖百出有發解過省而筆迹不同者有冒已死人鮮帖免舉者多方措置乃議今後凡應舉及免舉人各于所屬州縣給曆一道親書曆首將来赴舉過省參對筆迹異同以防偽濫時人謂之係籍秀才咸淳庚午科已行之矣時人有詩曰戎馬掀天動地来襄陽城下哭聲哀平章束手全無策却把科場惱秀才太學生蕭某有詞云士籍令行條件分明逐一排連問子孫何習父兄何業明經詞賦右具如前最是中間娶妻某氏試問于妻何與焉鄉保舉那

當着押開口論錢祖宗立法于先又何必更張萬〻千第行闕
改會限田放糴生民凋瘵膏血俱朘只有士心僅存一脉今又
艱難最可憐誰作俑陳堅伯大附勢專權

地生白毛

咸淳癸酉平地産白毛臨安尤多如銀線𦵏可採以相餽但挺
直耐或者謂此白青白祥之類是也

錢神献夢

咸淳癸酉春賈相連奏乞出視師且謂諸閫欲為敗缺張本每
遣客游談不曰無財力則曰無兵力不知臣之料錢招軍悉有
實寔狀可以按覆奏罷歸府合目獨坐忽夢有男子員面方口突

[illegible]

[illegible]

[illegible]

[illegible]

[illegible]白青白[illegible]

[illegible]

[illegible]白[illegible]

[illegible]大[illegible]

[illegible]

[illegible]

然而入賈相叱之曰爾何人敢至此答曰我金主也相公早間入奏太激天下事不由相公皆由我相公好〻做三年我六月後亦不復顧人間事言訖賈相且怒且醒因與所親言之漫不可曉三年而賈相罷六年而錢禁行乃知男子錢神也廢興信有數乎哉

襄樊失陷

咸淳癸酉春二月破樊城下襄陽文煥捍禦應酬倫殫其力粮食雖可支吾而衣裝薪芻斷絕不至文煥徹屋為薪緝闠為衣每一廵城南望痛哭城破遂以城降且獨守孤城降于六年之後豈得已哉

勉留賈相

咸淳癸酉自襄樊敗後（似道）累表乞出師（視）曰（謂）非臣上下驅馳聯絡氣（為）勢作急奔赴則有大可慮者而又陰嗾朝臣論奏以為師相不可一日離左右

度宗晏駕

咸淳甲戌秋七月度宗崩皇子昰（㬎）即位太皇太后垂簾聽政改明年為德祐元年

諒陰三年（元）

度宗崩幼君諒陰榜（進士）第一名王龍澤二名路萬里三名胡幼黃京師為之語曰龍在澤飛不得萬里路行不得幼而黃醫不得

詔兵勤王

冬詔天下勤王贛州太守文天祥應詔募兵朝廷分兵九路會合端明黄萬石江西侍郎趙縉金陵江陰開封府夏貴淮西節使呂萬壽京湖殿帥張彦廣德招討孫虎臣采石都統仇子真宣城練使張世傑海道費伯恭阮克巳平江克巳揚州人糾集義兵三萬勤王

下郢復州

咸淳甲戌冬十月下郢州沙洋守將邊居誼死之時丞相伯顔將兵號百萬用南降人為向導呂文煥等舟師出襄陽劉整等騎兵出淮泗分道並進攻郢﹅﹅人堅守以戰舡横截江面不得

渡文煥覘視傍有一湖可通大江于是大集人力陸地牽舟迂(紆)
行凡百餘里然後至水舟師忽自上而下沙洋之偹未能(知)措手
守将邉居誼所部三千人盡力死戰竟無人降(歸)附十一月下復
州

北兵渡江

甲戌十二月初九日北兵自襄陽罷(擺)汊沙口出江十四日渡江
常時江水風波不可押視至渡江時江水鏡平豈非天哉圖(進)漢
陽軍移師攻陽羅(邏)堡(時)淮西制置夏貴拒戰于陽羅堡敗績奔還
廬州夏貴自陽羅堡之敗順流而下沿江南岸縱兵放火歸廬
州觧甲當是時其心已無國矣後有人題詩于廬州夏貴節樓

曰一語淮西留養老三更江上便收兵縱使節樓高萬丈到頭難免重臣名

下陽羅堡

陽羅堡乃江鄂屏蔽一帶有七百拗風起則多利北舟欲守此江必守此堡此堡既失則鄂危矣守將閻池王都統與所部八千人死戰中流矢而死乃自陽羅堡攻鄂州

下鄂州

咸淳甲戌十二月十八日下鄂州守臣張晏然降先是李雷奮為守十月以臺論罷至是無正官張晏然守鄂所恃者朱禩孫之援禩孫提重兵至鄂退歸江陵晏然失助遂降夏貴與朱禩鄂守宋時

孫通任長江沙之責朱歸荊州夏歸淮西一上一下中流蕩然全無倫紀哀哉

錢唐遺事卷六終

錢塘遺事卷之七

武陵劉一清編

下蘄黃州

德祐乙亥正月北兵順流而下沿江諸將多呂氏部曲望風降附至黃州陳奕以城降奕始謂大兵以襄復舡自漢入江乃知大兵未渡而蘄黃已先降故其渡也襄漢蘄黃之舡皆在焉至蘄州管京[景京]諜以城降至南康軍葉昌[閭]以城降

劉整死

正月初七日劉整死初整與文煥分兵南渡及是整無功發憤得疾死於無為軍城下

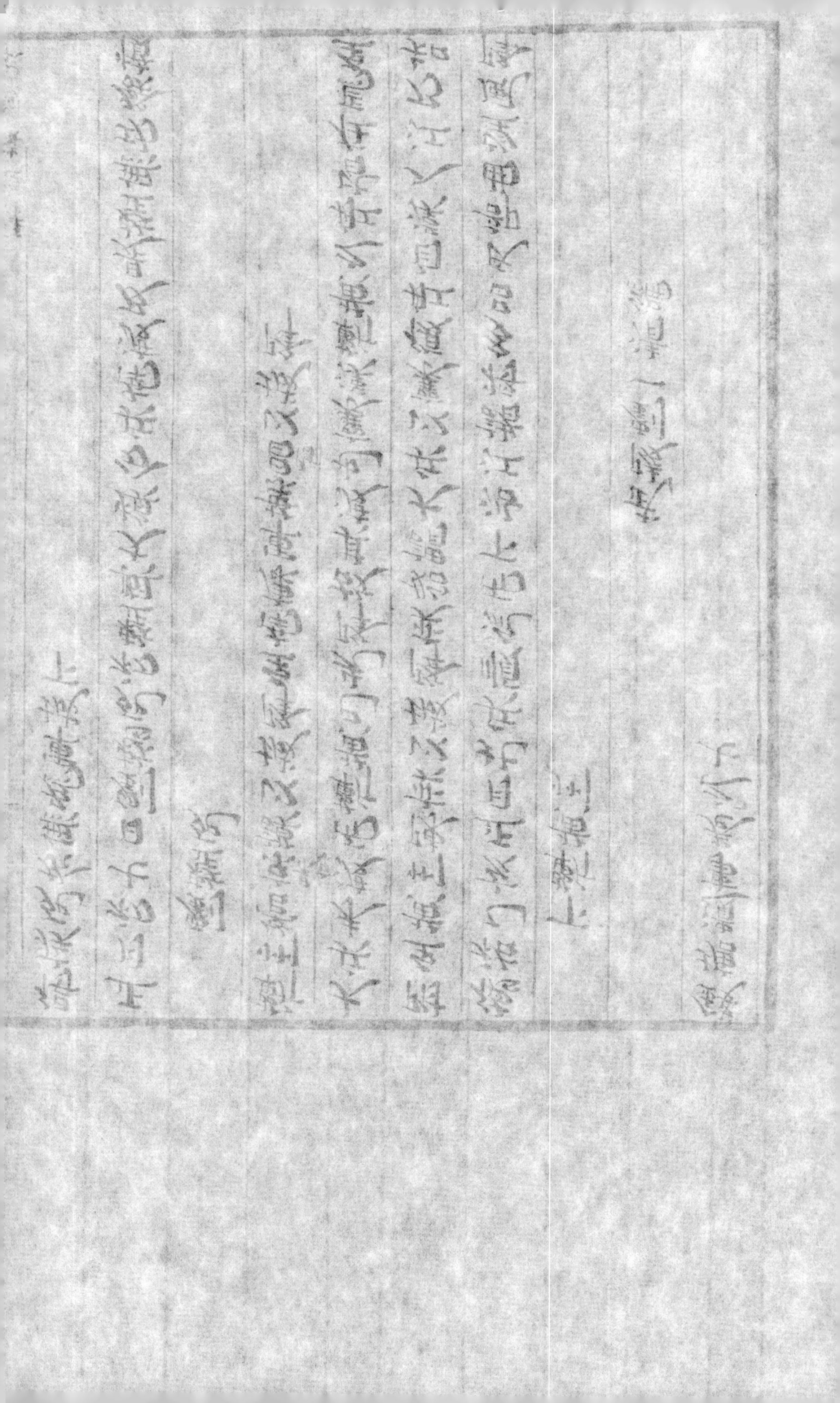

[illegible]

[illegible]

[illegible]
[illegible]

[illegible]

[illegible]

[illegible]
[illegible]
[illegible]

[illegible]

下江州

正月十三日下江州九江〻西屏蔽也錢真孫以帥兼守舉城以降則江西一路如破竹矣嘗記宋太祖以乙亥年命曹翰取江州後三百年乙亥而失之豈非数與呂師夔以大元命知江州

下安慶

大元國兵至安慶府范文虎以城降文虎呂氏婿也賈似道奏云文虎為趙縉所憤激而以安慶叛不知文虎與呂氏係親黨也

賈相出師

甲戌十二月以賈似道為都督軍馬黄萬石李珏叅賛軍事檄召諸路軍兵聽督府調遣於封樁庫撥給金十萬兩銀五十萬兩關子一千萬貫充都督公用時邉報轉急似道猶未有行意聞劉整死乃議出師乙亥正月十五日似道上師師表畧曰臣以老病之身遭時多艱豈復能以驅馳自勉云〻每念身雖危可以奮勵振事雖急可以激烈圖云〻逆謺世受國恩一旦反噬而仇視我後〻貪生畏死視便則趍天亦何有于彼哉自襄有患五六年間行邉之請不知幾疏先帝一不之許襄陷郢單臣夏心孔疚請行又不知其幾疏先帝復不之許須羅孔棘詔既奪情臣辭亦不知幾迨不獲命竊自附金革無避之義陛下踐

祚以來邊劃日駭臣請悉力正以江流數千里江面數十屯而脉絡不貫非臣督視隨機上下是必有不遏其渡江者今不幸臣言中矣而使先帝以及兩宮下至公卿大夫士早以臣言為信聽臣之出當不使如此往者不可諫及今汲汲圖之恨其晚尚可彊臣之留耶臣留不過使都民苟安旦暮而非所以為宗社計也陛下惟命臣以王導故事都督中外諸軍然兵入吾境亦既兼旬臣苦心處置忘寢廢食未能少強人意誠以注的之失難留在目之機易見與坐待其來於事無補孰若使臣決于一行以求必勝事理較著有不難知者恭惟祖宗三百餘年德澤其來未艾兩宮仁慈孝愛動無缺失臣恃此感發信順之心

斷可憑藉以辨[事]臣羸弱之軀非不知自愛云云張忠自誓[特]終始
以之臣有三子三孫留之京師日依帝所以示臣無復以家為
意否則苟免而已寧不愧死于斯言哉深切迫急[切]拜表即行

遣使請和

德祐乙亥二月十七日似道遣宋京至[使]軍前請和京與北使來
要似道自往似道遣阮思聰東元嚞代行思聰回知事不就惶
怖失據陰倫快舡為走計時大軍及[乘]勢衝下南北兩岸立砲座
設划車中流數千艘乘風直進宋兵不支[敵]夏貴老將也既失長
江惟恐督府成功無所逃罪又[怨]孫虎臣新進位出己上殊無
鬪志

下饒州

乙亥正月大兵至饒州守臣唐震竭力守禦城破震為北兵所害死于州治之玉芝堂二十一日城破二十七日鄖判官始得其遺體溫然如生遂具衣冠（棺）而葬之前丞相江萬里寄居饒州州人皆逼萬里坐守以為民望兵入其第赴水而死萬頃自南康來省兄遇兵不屈遂以磔死至死罵聲不絕口先是張世傑至饒州萬里與之飲大醉世傑曰國事如此丞相如何萬里曰力不能以報朝廷惟有死耳世傑曰丞相之言是也他家事世傑盡知之拿一个盞跪在地不能得他接：了未能得他飲安能忍辱事他人耶吾盡吾職分延得一日也是趙家一日之天

下如不可為亦只有一死庶幾可見趙皇於地下觀此萬里從容就義之心已先決矣

破池州

乙亥正月大兵破饒州遂至池州時池州無守臣蜀人趙昂發為池州倅權州事措置脩禦管官謂昂發曰州不可守不如棄之昂發曰吾守土臣也豈可偷生避死哉大兵至留詩於第夫婦遂自經而死時人語之曰臣為君死妻為夫亡

蕪湖潰師

乙亥正月二十二日似道潰師於蕪湖是日三鼓孫虎臣告急至似道舟中泣告曰追兵已迫夏貴亦曰彼衆我寡埶難抵當

垂泣而去似道撫諭三軍遂許唱轉官資諸軍詬曰要官資做甚已未庚申官資何在鳴鑼一聲退兵於珠金沙十三萬軍一時潰散督府之師甲已失似道奔入揚州李庭芝閉城不納

姜才敗績

大兵順流乘勢至瓜州揚州都統姜才出兵二萬餘於揚子橋士氣百倍衆皆披靡時彼衆我寡相持半日凡數十戰勝負未分生兵日增乃至敗績姜才稍引兵還大兵入太平州守臣趙之縉遁

金山之敗

大兵入建康府松江制置知建康府趙縉遁北方兵入城時察院

潘文卿按趙溍取行宮公帑所積金帛棄城而遁建康為江東之鎮則江東之勢去矣北兵駐建康府不進遣哨騎四出大兵至鎮江府張世傑趙溍戰于金山世傑多海舟無風竟不可動遂敗留守司叅軍沈圻自柂樓上望下嘔血而死守臣洪起畏遁嗚呼京口第一重門戶而失之行闕岌岌矣

趙與可遁

乙亥二月大兵入寧國府守臣趙與可遁與可宗室也而望風宵遁朝旨除名勒停追毀出身以來文字以為不守封疆者之戒北兵下徽州

二相遁去

乙亥二月二十六日左丞相王爚未見允以遺表請遷都太皇太后不許及是殿前指揮使韓震再申前請爚堅固守求罷不允徑去三十日夜右丞相章鑑遁二相去國朝事可知矣

誅韓震

乙亥三月初一日誅韓震言者奏呈以韓震身為殿帥典兵當此危急不言戰守之策輒請提兵開入禁闕奸謀叵測罪不容赦圖入話曰可殺吾命其父有功於蜀不料其子負國若此除明正典刑罪止其身若家屬親黨一切非問誤一切無罪有言震謀者宜中與容諸布令計議乃伏甲士于殿密府擊殺之以殿前軍指揮使領其衆震部曲百餘人闖宮大閙而

乙亥二月二十六日左丞相王爚去先是似道奏請遷都太皇太后不許及是殿前指揮使韓震再申前請爚堅壁固守求罷不允徑去三十日夜右丞相章鑑遁二相去國朝廷事可知矣

誅韓震

乙亥三月初一日誅韓震三省奉聖旨云韓震身為殿岩陰懷異志當此危急不肯出戰聲言提兵閧入禁闥奸謀叵測罪不容赦國人皆曰可殺吾念其父有功於蜀不料其子負國若此除已明正典刑罪止其身若家屬親黨決非同謀一切竝與免罪時有言震謀脅遷都者宜中與客潘希仁計議乃伏甲士于樞密府擊殺之以步軍指揮使領其衆震部曲百餘人聞变大閧而

入射火箭入大内又以釱刀斫嘉會門宜中遇兵逐之奔建康

五木之敗

北兵入常州時三月初二也知州王宗洙遁權守節韓王良臣以城降五月張彥劉師勇復常州王良臣敗走又復廣德軍九月王良臣以北兵攻常州知府姚訔統制劉師勇王安節拒守攻城不克十月常州告急文天祥遣將尹玉朱華張全麻士龍赴援二十六日戰於横林敗績二十七日戰于五木敗績張全不發一矢尹玉麻士龍死之天祥調兵再往道不通十一月十六日常州粮盡劉師勇以騎突圍出奔平江府遂破常州屠其城知州姚訔死之生獲王安節不屈而死訔乃姚希得之子安

入射大夫入大內又以劍口所喜語會門宜中邇臣以入奇衝

五木之敗

北兵入常州時三月初三日也招王宗洙遁通判王良臣

以城降五月張世傑劉師勇復常州王良臣以是又復廣德軍九

月王良臣以北兵攻常州知府姚訔劉師勇王安節拒守

攻城不克十月常州告急文天祥遣將尹玉朱華張全麻士龍

赴援二十六日戰於虞橋林敗績二十七日戰于五木敗績全

不救尹玉麻士龍死之天祥調兵再往道不通十一月十

六日常州報盡劉師勇以八騎潰圍出奔平江府通判常州屬其

城君臣姚訔死之王蕭大屠死高將入守

上積日夜火箭射之木自焚又從其入使之運土于城外築壘
從敵入之灩其內演油作炮御人常川城下使高油散在埤敵木
常川羅能保城而皆下屬縣屋宇焚蕩人民虜掠殆盡主簿百
後殺戮城不支而適劉師勇入於歸路設伏以待之殲者過半
敵大援次日北兵至城下開門引戰二陣兵擊及城之兵為其
民發城巡視旗幟鼓聲振天酒遣劉師勇王安節出師迎
自三月二日陷至五月再復九月北兵再至知府姚訔糾集義
與北兵戰降者朝廷遣濠上團練使宿其二千會常州
復收又後兵五百入戰一日兵敗卒殺大八十入送死之其麾下
郡又部虞主將之子毋王江西屬司將也與北兵戰殺數千入

節乃節度王堅之子尹玉江西憲司將也與北兵戰殺數千人
復收殘兵五百又戰一夕兵敗手殺七八十人遂死之其麾下
與北兵戰併死無一降者朝廷贈濠州團練使官其二子常州
自三月二日陷至五月再復九月北兵再至知府姚訔糾集義
民登城巡視旌旗雲擁鼓聲振天潛遣劉師勇王安節出師迎
敵大捷次日北兵至城下開門引戰二陣夾擊攻城之兵為其
掩殺攻城不克而遁劉師勇又於歸路設伏以待之殲者過半
常州雖能保城而管下屬縣屋宇焚蕩人民虜掠殆盡生擄百
姓殺之臠其肉煎油作砲擲入常州城下使膏油散在牌杈木
上積日使火箭射之牌杈自焚又俘其人使之運土于城外築堡

傾泥併其人填之常州屬縣之民遭此横禍十一月粮盡城始破嗚呼使北兵渡江之後州州有守臣如姚訔者能為國家死守封疆宋㬎又安得而移轉耶

朝臣宵遁

乙亥三月京師戒嚴朝臣接踵宵遁大軍已迫畿甸勤王兵不至人情恟恟知臨安府曾子淵兩浙運副自遁浙東提舉王霖龍遁樞政文及翁倪普臺諫潘文卿季可陳過徐卿孫侍從已下陳堅何夢桂曾希顏數十人並遁朝中為之一空跡朝堂榜云孟軻謂君之視臣如草芥則臣視君如國人又謂諫于其君而不聽去則窮其力而後止識者猶以為非君臣之正誼我朝三

百餘年待士大夫以禮吾與嗣君遭家多難爾大小臣未嘗有
出一言以救國者吾何負于汝哉今內而庶僚畔官離次外而
守令委印棄城耳目之司既不能為吾糾擊二三執政又不能
倡率群工[illegible]時作此舉措或偷生田里何面目對人言語他日
死亦何以見先帝天命未改國法尚存凡在官守者尚書省即與
朝臣在京文武並與轉二官其負國棄予者令御史臺覺察
以聞其[illegible]朝堂昭告令知[illegible]

罷賈似道

乙亥三月三日賈似道罷平章都督制詔曰大臣具四海之
瞻罪莫大于誤國都督專閫外之寄律莫重于喪師告[illegible]以

百餘年待士大夫以禮吾為嗣君遭家多難爾大小臣未嘗有出一言以救國者吾何負于汝哉今內而庶僚畔官離次外而守令委印棄城耳目之司既不能為吾糾擊二三執政又不能倡率羣工此時作此舉措或偷生田里何面目對人言語他日死亦何以見先帝天命未改國法尚存可令尚書省别具見在朝臣在京文武並與特轉二官其負國棄子者令御史臺覺察以聞其榜朝堂明吾之意

罷賈似道

乙亥三月三日賈似道罷平章都督予祠制曰大臣具四海之瞻罪莫大于誤國都督行軍軍之事律尤重于喪師告九廟以

奉辭詔群工而聽令具官賈某小材無取大道未聞昔相穆陵徒以邊將而自詭迨事先帝遂于國事以獨專謂宜開誠布公以扶皇極之彝并謀合智以盡天下之議而乃恣行胸臆不恤人言以吏道沮格人才以兵術剸裁機務括田之令行而農不得安于野推利之法變而旅不願出其途矧當任閫之驅馳豈不戎事之緩急戰功或曠歲而不舉兵事或臨時而不修纖悉於文法之搜求瀾踈於邊政之科瑣遂令飲馬以渡長江乃者抗表出師請身勘難人方期以孔明之志朕亦責以裴度之功謂當纓冠而疾趨復二矛重弓而容焉三軍解體百將離心彼被甲之謂何未聞聲而先潰孟子吾何畏彼左氏謂我不武夫

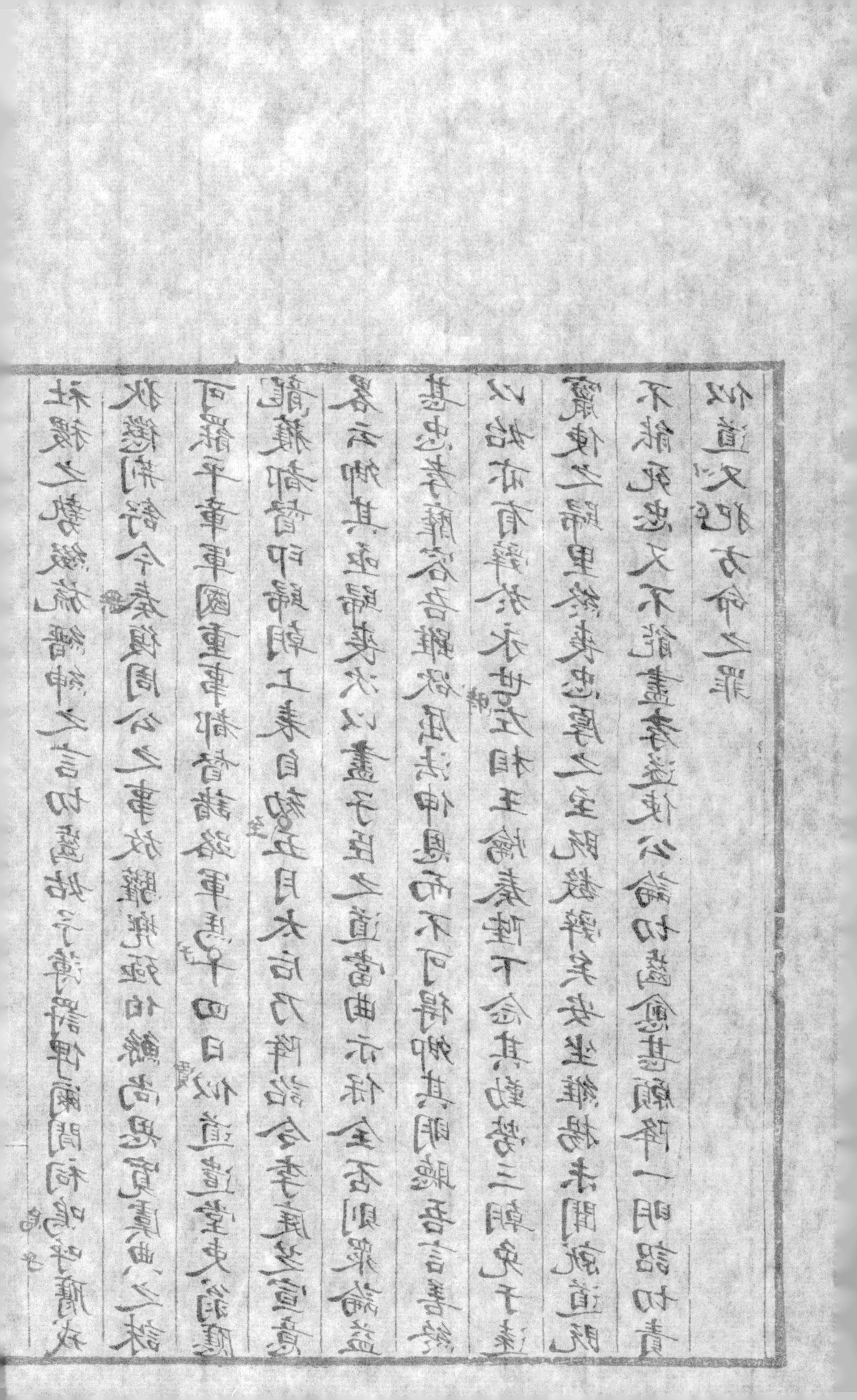

[illegible]

[illegible]

[illegible]

[illegible]

[illegible]

[illegible]

[illegible]

[illegible]

[illegible]

[illegible]

社稷之勢綴旒縉紳之言切齒姑予薄罸俾爾閒祠嗚呼膺戎狄懲荆舒令奏復周公之事放驩兜殛伯鯀尚思寛虞典之誅可罷平章軍國重事都督諸路軍馬十四日似道遣堂吏翁應龍獲都督印歸朝上表自劾五月太后乃降詔令李庭芝宣意畧云卿其亟歸喪次以盡子臣之道當曲示保全否則衆論益甚忠孝靡容吾雖欲屈法伸恩而不可得卿其明聽吾言善終以始亦有辭於永世左相王爚奏陛下念其勤勞三朝免于遠竄使之歸里終喪忠厚之至既數辭矣安坐維揚未聞就道既不能死忠又不能盡孝遂使公論切齒愈甚願降一明詔切責似道又犯方命之罪

貶賈似道

乙亥七月十二日合臺奏似道喪師誤國内批賈似道專權誤國得罪公論吾以其歷事三朝近嘗許以終制不欲已甚合臺露奏未已更與降三官改徙隣郡少弭人言賈似道婺州居住廖瑩中王廷追毀文字除名勒停送韶州覊管内王廷曾淵子改送雷州居住賈似道降三官改送建寧居住翁合奏賈似道以妬賢無比之林甫輙自托於伊周以不學無術之霍光敢效尤於操莽甚者揔權罔上賣國召兵專利虐民滔天之罪人人能言云云首聞邸報臺諫交章聲其奸謀乞行遠竄迫于衆怒僅謫建寧雖國家之典憲未伸而朝廷之意向稍白臣伏竊惟

乙亥三月初三日陳宜中[illegible]軍東合命致書[illegible]四王[illegible]

相陳宜中

謹[illegible]責[illegible]主圍東[illegible]使下詔[illegible]府台主[illegible]其家

事也乙[illegible]以道[illegible]以申國法以[illegible]江[illegible]有伯[illegible]以道

有北來[illegible]不[illegible]何[illegible]天[illegible]天[illegible]得[illegible]六合[illegible]兵[illegible]

罪[illegible]伯[illegible]入[illegible]曰[illegible]有北有北不[illegible]曰[illegible]果有[illegible]

回中國且不可西向一日回兵[illegible]必[illegible]入兵[illegible]兵[illegible]入[illegible]向

遠[illegible]且[illegible]其民何罪必以[illegible]後乃未[illegible]以

道且區區之[illegible]者[illegible]可見其面耶如來書[illegible]大學一章曰教[illegible]

[illegible]

建寧之地寔朱熹講道之闕里雖三尺童子粗知向方聞賈似道且嘔惡唾去況可見其面耶如朱熹釋太學一章曰放惡不遠彼且穢惡所伏之地其民何罪必以禦魑魅而後已夫與之同中國且不可而可一日同此鄉哉必放之此鄉此鄉人獨何罪巷伯惡惡之詩曰投畀有北有北不受而終曰投畀有昊蓋有北決所不受則付與昊天惟天得制鍾長六合爾此則陛下事也乞將似道遠竄深廣以伸國法以謝公論有旨賈似道移漳州責授高州團練副使下臨安府台州簿錄其家

相陳宜中

乙亥三月初三日陳宜中叅知政事陳合僉書樞密院召王爚

還朝。初十日陳宜中除右丞相初四日宜中辭相奏云臣今月
初四日恭准內批不許臣辭免新除特進右丞相恩命念臣一
介樸愚非（初無）喜矯飾此番出位奉行陛下如神之斷將順陛下如
天之仁寔出於愛君憂國之血忱非有一毫傾人利己之私念
皇天厚地寔所鑒臨今若許臣以舊官倫位人猶謂臣無所為
而為之可以少逭情義（清議）若不先不後於此易變恩榮公論無情
何所不至或謂臣乘時傾似道而奪其權或謂臣拱手不留臣
鑑而據其位臣既無顏面立於百僚之上亦安能復有精神念
慮能為陛下宣一日之勞哉魯港敗後宜中當國者（定）斬韓震脅
遷之議差強人意宜中寔無經濟（綸）至秋托故遁歸及不得（已）十月

卷之十終

再來則國事去矣

再来則國事去矣

錢唐遺事卷之七終

錢塘遺事卷之八

武陵劉一清編

張世傑入衛

乙亥三月初十日張世傑入衛京師内空賴張世傑一軍萬人自荆湖至世傑本信安歸正人擢承宣使陳宜中疑世傑易其所部之軍世傑不得盡（以）其力呂（將）文福請提兵入衛文福文煥兄也

議遷蹕

宗學上書曰臣等為國同姓與宗社相依為命近者元臣開制（闍）視師繼而又聞逆整身斃臣等私竊喜之近（邇）日以來京師内外

陳宜中奏

敗若不勝究於社稷猶可見列祖於地下陛下思之幸甚

豈束手待斃而已哉臣願陛下效諸路[illegible]集精兵盡力迎敵

勢漸迫今天下勤王之兵在京城者不下二十萬猶堪一戰

兩月不聞有備禦之策但聞和議之請和議未必能成危亡之

兵盛(擬)可守陛下宜靜靜未治作一[illegible]圖耶北兵渡江已逼

頃年江上事勢危急則有幸閩不思故能復保[illegible]

太后不肯輕動耳臣謂陛下謀(計)者不過欲避寇其次則幾

會軍節(令)已議欲陛下移蹕非在旦夕講者未即行者[illegible]太皇

前車覆已蹈轍今已於歸(數)帥堂今已[illegible]諸軍節已點

喧傳皆謂內人今已放歸[散]御舡今已排定營衛諸軍皆[今]已點差倉庫皆[今]已搬移陛下移蹕亦在旦夕躊躇未即行者獨吾太皇太后不肯輕動耳臣竊為陛下謀[計]者不過移蹕慶元其次則移蹕平江至事勢危急則航舡幸閩不思我能往彼亦能往縱使兵盛[或]可守陛下豈能鬱鬱求活作一龜茲國耶北兵渡江已踰兩月不聞有倡僄之策但聞和議之請和議未必能成危亡之勢漸迫今天下勤王之兵在京屯城者不下二十萬猶堪一戰豈束手待斃而已哉臣願陛下戒諸將帥糾集精兵盡力血戰戰若不勝死於社稷猶可見藝祖於地下惟陛下思之幸甚

陳宜中奏

殿院陳宜中奏云北兵渡江已踰兩月上而三宮下而萬姓皆
謂平章賈似道督師一出未必負三朝禮遇之恩必能以一死
酬天地涵容之澤而乃擁師逗留不發一矢今月二十日忽報
孫虎臣又二十二日報臣等以諸軍皆潰散初猶有自與一決
之語既乃蕘為海上迫駕之言臣見其平日自詭以知兵意或
有深謀秘計可以救一脉于垂亾觀其所措有非腐儒所能測
識二月二十八日早有督府隨行吏歸乃言似道于二十日夜
三更鳴鑼一聲喝散諸軍竄身而去莫知所之臣聞之血淚迸
流欲死無由因自痛念曩經丁大全敗竄之餘適際理宗再生
之德徼余末年似道時遭當國起自書生叨居尚地彼雖一出

殿院陳宜中奏元北兵渡江已踰兩月上兩三宮下兩遷守
謂平章賈似道督師一出未必負三朝知遇之恩必能以一死
聖天地包容之澤乃嫌師逗留不發一矢今月二十日敗報
後患臣又三十二日報臣等以諸軍皆潰散知猶有自興一決
人諳思乃紫船海上遁之言臣見其年日詭以知其意故
有深謀秘計可以救一旅于事以觀其所指有非愚儒所能測
識二月二十八日早有督府隨行吏歸乃言似道于二十日夜
三更追鑼一聲喝散諸軍棄身自去莫知所之臣聞之血淚迸
流欲死無由因自痛念纍纍丁大全敗竄之餘適際理宗身生
人徒微余末年以遣時適富國來自書生以口居尚旅難一出

陳宜中都督軍馬時乙亥四月也奉詔還督于京擬召諸路軍

陳宜中都督

明太皇太后陛下哀痛悔悟之意上回皇天含達助順之心

將公田市舶茶鹽等事盡罷民甲欲者霈賜改正今學士院降詔以

天下祖宗德澤未衰人心戴宋者如故元氣一脉尚可挽回然後

追竄正平日苟容之罪以謝公論然後正似道誤國之罪以謝

不能為宗社之力爭罪何可逃但自其始以聞欲望聖慈重行

竄身上誤宗社臣曩為臺諫既無名論之先見臣今為執政又

正如范文虎事申之不力緣禍今日滿績何追今似道以遣師

每見其施行時必慕許未嘗不從容諸規而中諸力凡其舉動

每見其施行時多差舛未嘗不從容納規而才弱力凡莫能救
正如范文虎事爭之不力稔禍今日㴁殞何追今似道以潰師
竄身上誤宗社臣曩爲臺諫既無呂誨之先見臣今爲執政又
不能爲宗社之力爭罪何所逃徑自具劾以聞欲望聖慈重行
追竄正平日苟容之罪以謝公論仍乞正似道誤國之罪以謝
天下祖宗德澤未衰人心戴宋如故元氣一脉尚可挽回仍乞
將公田市舶茶塩等拂民所欲者悉賜改正令學士院降詔以
明太皇太后陛下哀痛悔悟之意少回皇天含送助順之心

陳宜中都督

陳宜中都督軍馬時乙亥四月也奉旨建督于京檄召諸路軍

馬勤王并令潰軍各歸所部淮東隷李庭芝淮西隷夏貴沿江隷汪立信四川隷朱禩孫江(河)西隷黄萬石節制團結内外兵十七萬五千人分廂差寄居官為摠督給一兵(軍)赴教場教閲

詔諭三将

五月太皇太后詔諭呂文煥等息兵通好詔曰賈似道專制朝政十有五年挾智行私矜己自用結怨軍民失信鄰國戰功當賞而不賞邊費當支而不支盡心力以守襄城者坐視不救倫已財以贈郢兵者反受責言遂使諸将離心三軍解體比者請師出督畏死偷生不戰而逃莫知所在自古失律之師未有如此之繆者吾已節次明正其罪但念吾年七十抱病滋久嗣君

幼冲煢煢在疚念北方之兵薄吾近地宗社危急不可以一朝居似道召禍如此者身幼主寔受其殃因思爾文煥世受國恩久當事任守城六載殊(備)殫勤勞爾弈爾文虎皆受先朝之知嘗任岩師之寄一時舍此度非本心(三人在北)豈遂忘本朝之舊不念吾國之危茲用手披敷陳吾意爾三人為吾轉道此意於師相者老幼雖不足念生靈何辜受此荼毒不知何道可以息民何辭可以通好于北朝以成南北之美意以紓社稷之近憂顧亟為我圖俾王室不壞理宗度宗在天之靈亦必降於爾衷故茲詔示想宜知悉

呂文煥回本國書

報國盡忠自許初心之無愧居城守難豈圖末路之多差[羞]茲祈

轉念昔日之功庶可少伸今日之款名公問信歸人欲言伏念

某少服戎行壯臨邉檄[徼]干戈滿眼輕性命於鴻毛弓箭在腰倏

死生於馬足不但驅馳于西北誓將屏蔽於東南幸以微勞屢

叨薄效至若襄城之計最為淮甸之危蠢茲無厭之戎指為必

攻之地迅烈如水火之衝擊飄蕩如風雨之去來坐一日為尤[以補]

難居九年而可柰南向髙築蓋欲拒吾喉襟樊城盡屠其在剪

我羽翼雖到也[禦捍](sic)首先犯[于]順而焦然中告于黨姦[奸]孤城其如彈丸

謂𩊱实之踢倒長江雖曰塹固欲投鞭而斷流兇焰如斯先聲

屡至臣能死爾仰天而哭伏地而哀男既生祇析骸而爨易子

[illegible]
[illegible]
[illegible]
[illegible]
[illegible]
[illegible]
[illegible]
[illegible]
[illegible]
[illegible]

參無明前

徐以人敗殺馬在野入緬結戰國昭無厥以入杜射殺範世之

不旁蒲非見令探來不叀田甲戰不讒無其泉源作歌景命且兼

關以自許以路明以許曾羅洪昭端讒試合唐之諾安放回遊

解非曰身家攻其父母不得已也西向言叛令皇上重其好土

益安有食百不任其事國衡牡分日歸動兵親以大臣報以仇

臣隨臨中亥攻夜正論書不合當維遐回昔兄也何無於主簽

圖可作台讓國手居衆路正其一春覆遍命眾康端於覩嘉使惠

那曰於章亡之曰國合誠死之兄守不出行之許評適真後

石向當興郵滂以令教合臍田鄉原兵恭福爾於九年以問歲

而食尚異廟堂之念我令隣郡之聚兵委病痛於九年之間投
肌肉於羣虎之口因念張巡之死守不如李陵之詐降猶期後
圖可作内應國手局敗留此一着豈期俗眼徒爾形觀盖使忠
臣偶陷于夷狄從此絶意不念于鄉閭固知死也何補於生奚
益安有食馬不任其事因銜北命乃擁南兵視以犬馬報以仇
讎非曰子弟攻其父母不得已也尚何言哉今皇上亶其好生
開以自新之路明公都督雖然問罪藹然念舊之情安敢固違
永為背叛見今按兵不動卧轍不驚撫此良辰伏覩景命且秦
穆公之救殺馬在野人猶知報恩如齊威公之相射鉤頷君子
終無忌怨

督府檄文

畧曰且整之叛我也固以自疑若煥之去國也獨何不忍不思元温群從並受卵翼之恩李陵一門初無毫髮之損國家危(危)運一至於此人心忠義夫誰無之太皇七(后)秩之聖躬今天子孤惸之沖質在人情猶知恤隣(鄉)里(閭)之老幼矧臣子忍坐視君父之傾危寧無郡國賢(袁)臣亦有江湖豪傑共會(僉)倡義之旅載馳勤王之師如陶士行慷慨之真如張魏公忠赤之至拔(援)日之功(巧)拔(援)日(用)之矢便(宜)直指于旌旗如礪之山如帶之河尚永堅於盟誓

王爚平章

乙亥四月王爚平章軍國重事八月王爚致仕爚具位平章在

朝無所建明不顧君父之顛危退爲保身存家之計鄙哉

日蝕

乙亥六月初一日午時日有食蝕之既是時天地晦冥咫尺不辨人雞驚歸猶如暮夜自巳至午其明始復詔曰天降罰於我家嗣君幼冲未堪多難吾以衰耄勉强聽政明不能察奸臣之誤國仁不能救兵革之殄民德澤弗流政令多失乖氣致異譴見于天乃夏季月朔日有食之既陽徵晝晦變莫大焉吾惟艱危之會憂心如熏重以災異譴告于何不臧憂咎在吾痛自先責貶損尊號猶恐未盡應天之寔實方與嗣君夙夜秖懼省躬悔過慨念奸臣專政之久杜塞賢路蒙蔽天變下情壅於上聞禍至

此極今吾當警(儆)悟少知艾懲虚心聽政惟聽(是聽)人言以答天意咨

爾百僚士庶盡忠竭言凡涼菲之愆政事之疵黎元之疾苦爰

暨修禳固圉之常(長)策可以消厄運導和氣者毋有所隱將採擇

施行人心悦而天怒解庶幾在此布告中外體吾至意太皇太

后内批痛自切責以答天戒可去聖福二字用昭吾恐懼脩省

之意

陳留並相

乙亥六月陳宜中左丞相留夢炎右丞相陳文龍黃鏞僉書樞

密院事謝堂鎮撫使家鉉翁知臨安府文天祥刑部尚書趣(趨)赴

行在夏貴淮東制置知楊州朱焕淮西制置知廬州召李庭芝

赴行在夏貴不受代李庭芝閉城自守

文天祥入衛

乙亥四月文天祥為江西提刑募兵于贛州台州社（杜）滸糾合四千人從之至九月天祥將吉贛民人及峒丁二萬人入衛衣裝器械戈甲精明人心喜慰詔褒獎除江浙制置使知平江府提兵捍禦時陳宜中歸永嘉留夢炎當國夢炎意不相樂乃以天祥為制閫出守吳門

徵諸帥不至

徵呂文福入衛行人失辭文煥（福）自疑不奉徵夏貴督萬壽黃萬石入衛並不奉京城招軍年十五以上號武定軍長不滿四尺

觀者寒心

諸郡望風而降

乙亥三月知江陰軍鄭濡道遁知廣德軍令孫降三月十四日下平江府守臣潛越(說友)反遁通判胡玉以城降下安吉州守臣趙與立降江上列城或降或遁無一人堅守者四月下江陵府高達京湖名將已未鮮圍鄂州似道許以建節後竟不與達怨望久矣至是為京(制)湖制置以城降宣閫不能制城初陷朱禩孫仰藥不得死既而亦降焉乃令朱禩孫移文諸州歸附(澧州)鄂州常德府壽昌軍並降大兵(徇)狥湖南圍潭州安撫李芾與大兵戰於澧陵得提守城攻之不克。九月大兵戰至獨松關殺廉萬戶希賢

後丙子二月薦希賢之子殺張濡磔之濡俊之曾孫也十一月
十六日大兵下隆興府劉槃以兵累戰不利遂以城降牛傅危
天順二將赴火死瑞州先下姚訂議至隆興說降劉槃拒之乃
引兵出戰殺戮不少凢累戰不利不得已而以城降大兵至撫
州時制置黃萬石開閫撫州聞大兵至而遁都統密佑迎敵就
擒不屈嚼舌罵聲不絶而死施至道以城降建昌相繼而下宋
師戰于相閡敗績去杭百里獨松閡告急召文天祥入衛天祥
自吳門還遣守獨松閡時天祥軍三萬張世傑軍五萬諸路勤
王師猶有四十餘萬天祥與世傑密議今兩淮堅壁閩廣全城
王師且衆何不與之血戰萬一得捷則罄兩淮之兵以截其後

國事猶可為也世傑大喜遂議出征獨宜中沮之事不成叅二
十八日攻平江府通判王矩之以城降十二月大兵屯平江府
伯顔在馬京師戒嚴留夢炎陳文龍黄鏞劉黻並遁大兵屯于
長安堰陳宜中蒙蔽外庭私遣使請和見伯顔于長安堰已而
不如約故大兵竟至高亭山丙子正月大兵入臨江軍權守滕
岩瞻遁臨江告急吉州乞兵援守吉州差禁軍三百人至臨江
防拓舟必從吉水敢勇軍守吉水陸必從永豐未幾大兵至禁
軍潰散大兵入臨江大兵更自相江疾馳至吉州城下十八日
大兵進高亭山去城三十里比使請執政軍前議事文天祥請
行百姓官民迎丞相伯顔于高亭山十九日大兵進屯北關門

外京東城百姓門上各帖好投拜三字呂文煥范文虎九騎入城遂入大内謁太皇太后

納降表

乙亥十二月遣使納降表宜學士高應松辭草表以京局官劉褒然權直院草之自賈似道喪師後至今十餘月國事危急將士離心衆出屢衄朝廷方理會科塲明堂等事士大夫陳乞差遣士人覬覦恩倒一籌不畫及是束手無措乃議納土求封為小國賫降表奉使燕京哀哉

詔罷兵

宋太皇太后詔文天祥罷兵詔曰卿之忠義朕已素知見今遣

使請和卿宜自靖自献慎勿生事乃所以保全吾與嗣君也天祥捧詔號泣于是始不敢出師矣

罷團結

乙亥拾貳月宋太皇（太后）詔民兵罷團結太后詔南北講和京城内外民兵罷團結三省榜諭京城百姓兩宮慈仁保全生靈南北見議講和毋致惶惑

二王航海

丙子正月十二日命秀王與擇奉皇兄廣王昰皇弟益王昺出宮航海

宜中夜遁

陳宜中十月再相國事亦危矣至丙子正月十八日大兵至皋亭

山表以相見宜中夜遁十九日以賈餘慶為右丞相兼知

樞密院事是左丞相謝堂樞密使家鉉翁知政事劉岊同知樞密院事是

時陳宜中遁文天祥辭右丞相不拜遂以資政殿大學士右丞相兼

廷會典統卷

文丞相

丙子正月十九日除文天祥右丞相兼樞密使天祥辭不拜除

資政殿大學士北還過國者相見執政持議以資以出天祥曰

國事至此吾不得死身辭相印不拜以資政殿學士行天祥至

高亭山伯顏丞相引見天祥抗辭慷慨議論不屈遂留之不殺

陳宜中十月再相國事亦危矣至丙子正月十八日大兵至高亭山要以相見宜中夜遁十九日以賈餘慶為右丞相吳堅為左丞相謝堂樞密使家鉉翁參知政事劉岊同知樞密院事是時陳宜中遁文天祥辭右丞相不拜遂以賈餘慶為右丞相朝廷愈無統矣

文魁辭相

丙子正月十九日除文天祥右丞相兼樞密使天祥辭不拜除資政殿大學士北邀當國者相見執政侍從交贊公出天祥曰國事至此吾不得愛身辭相印不拜以資政殿學士行天祥至高亭山伯顏丞相引見天祥抗辭慷慨議論不屈遂留之不歸

南遣王千戶館伴

京城歸附

丙子正月二十日大兵入臨安府請太皇太后降太皇詔江南諸郡歸附詔云今根本已撥諸城雖欲拒守民何辜焉詔書到日其各歸附庶幾生民免遭荼毒賈餘慶令學士院降詔俾天下歸附各付一省劄惟家鉉翁不肯署押吳堅一如賈餘慶之命程鵬飛作色欲縛鉉翁鉉翁云中書無縛執政之理歸私廳以待程竟不敢誰何朝廷自乙亥十二月至丙子正月信使往來和議未決正月廿四日北使請宰執親往燕京朝覲于是以吳堅賈餘慶家鉉翁劉岊五人為祈請使朝廷百官或在或遁

南遣王千五館伴

京城館伴

丙午正月二十日大金人語[illegible]請大皇太后大皇[illegible]詔[illegible]

諸路帥[illegible]今者本已[illegible][illegible]在[illegible]書[illegible]

日其各路[illegible][illegible][illegible]送[illegible][illegible]奉書貴[illegible]令[illegible]去[illegible]大

下[illegible]合付一[illegible][illegible][illegible]不言書[illegible]其[illegible]一如貴[illegible]之

命[illegible]作[illegible][illegible][illegible]中書[illegible][illegible]以理[illegible]

以[illegible]不敢[illegible]朝[illegible]自[illegible]十二月[illegible][illegible]正月[illegible]

未[illegible]正月廿日比[illegible]請[illegible]朝[illegible][illegible]以

吳[illegible]貴[illegible][illegible]人[illegible]請[illegible]朝[illegible]百官[illegible]在古道

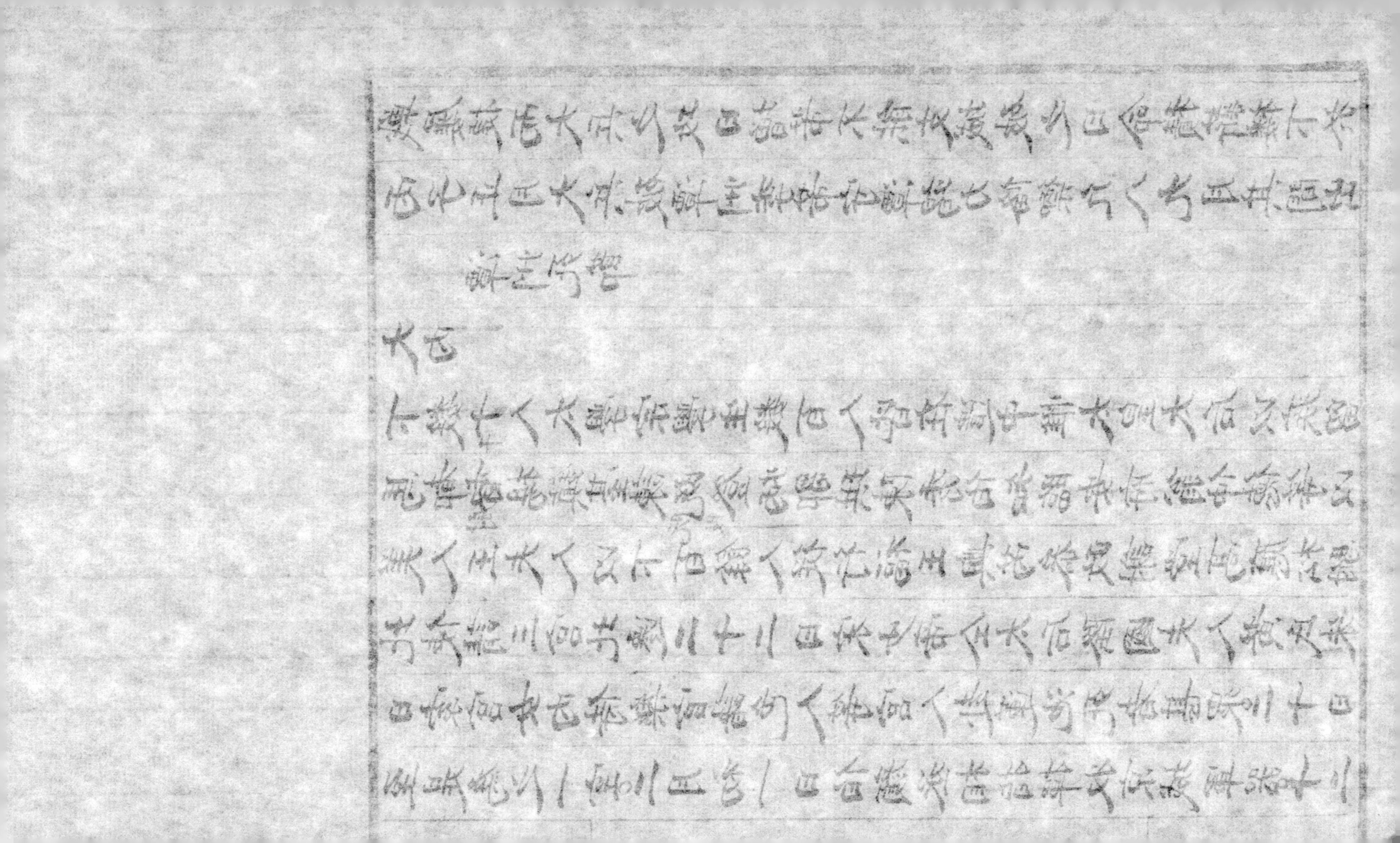

[illegible]

[illegible]

[illegible]

[illegible]

[illegible]

[illegible]

[illegible]

[illegible]

[illegible]

[illegible]

至是為之一空。二月初一日伯顏丞相指揮收京城軍器。十二日索宮女內侍樂官諸色人等宮人赴蓮池死者甚衆。二十日北使請三宮北遷。二十二日宋少帝全太后隆國夫人黄氏朱美人王夫人以下百餘人從行福王與芮叅政謝堂高應松駙馬都督楊鎮臺諫既登炳鄂珙陳秀伯知臨安府翁仲德等以下數十人太學宗學生數百人皆在遣中惟太皇太后以疾留大内

潭州死節

丙子正月大兵破潭州李芾守潭竭力備禦凡八九月其間出戰屢捷而大兵之攻日增芾不能支城破之日命積薪樓下於

是携家人盡登楼大宴積金銀于兩畔李與館客對(廂)坐其餘列坐左右數杯後命喚二劊子来既至則令將此金銀去與你家中取法刀来一不肯受一會意徑(竟)受之携去分付家人後須臾將法刀至李帥呼之至前分付先從頭殺入到尾殺我待我點頭時下手復飲酒良久點頭惟館客(賓)與一妾墜楼而走妾折一足最後李帥伸頭受刃(此)劊子遂四面放火自劊其腹而死潭州陷衡州茶陵軍袁州相継而下後李兩山有詩題潭州驛懷李肯齋曰天運由来有廢興義無兩大一身輕封疆社稷若不死婦女鬚眉何用生紐解綱常重接續厭寒萬劫獨光明便當配食三間廟啟迪民彝開太平 三間水死 肯齋火死

吉州歸附

丙子二月十五日大兵至吉州權城守同天驥以降大兵徇浙
東至嚴州知州方回降至台州知州楊必大降至處州知州梁
信降衢婺等州並下

揚州死節

丙子五月廣王登極除李庭芝為右丞相六月庭芝棄揚州引
兵至泰州欲航海至福州大兵追及之庭芝凡戰數合大敗遭
擒斬庭芝于軍前八月大兵攻淮東破揚州朱煥以城獻姜才
死之姜才淮之猛將前後主將皆其人也姜才屢戰大捷大戰
三日姜才身生九疽不可掛甲遂敗至泰州被執不肯降臨刑

含血罵聲不絕口以淮人言之無不傷嘆

錢唐遺事卷八終

錢塘遺事卷之九

武陵劉一清編

丙子北狩

祈請使

左相吴堅天台人

右相賈餘慶海州人

叅政劉岊重慶人

樞密文天祥吉州人

叅政家鉉翁眉州人

奉表獻璽納土官

錢塘遺事卷之九

武陵劉一清編

丙子北狩

祈請使

左相吳堅 天台人

右相賈餘慶 溫州人

參政劉岊 重慶人

樞密文天祥 吉州人

參政家鉉翁 眉州人

奉表押璽綬主官

監察御史楊應奎廬州人
大宗丞趙若秀臨安人
日記官
宗丞趙時鎮廬州人
閣贊嚴光大紹興人
書狀官
御帶高州太守徐用禮臨安人
潮州通判吴慶用月臨安人
惠州通判朱仁舉
處州通判沈庚會

浙東路鈐吴嘉興

掌管禮物通事官

総管高舉江陰人

総管吴順

提舉禮物官

環衛総管潘應時

總管吴椿

環衛総管劉玉信揚州人

掌儀官

浙東路鈐詹囦

浙東路分會稽圖
掌儀官
　採衡紹會劉玉信 [illegible]人
　編會吳椿
　採衡紹會潘應時
提舉書寫官
　編會吳巘
　編會高舉 [illegible]人
掌會謄寫通事官
浙東路會稽吳壽興

帶行官屬五十四員

隨行人從二百四十人

扛擡禮物將兵三千人

北朝館伴使

伯顔丞相貼差鐵木不兒萬户

阿术元帥貼差焦愈相

閣本作日記官嚴光大錄

祈請使行程記 日記官嚴光大録　「嚴光大録」

德祐丙子二月初九日宣奉大夫左相吳堅自天慶觀方丈出北關門送通議大夫右相（丞）兼樞密使賈餘慶銀青光禄（大夫）樞密使謝堂端（明）殿大學士中奉大夫（充）祈請使劉岊（丞）丞議郎守監察御史充奉表納土官楊應奎朝奉郎充奉表納土官趙若（岩）秀當登舟時南北朝阿里議事傳伯顏命（丞相）留吳相登舟泊于北新橋岸下終夜流涕北軍差軍前唆都相公勉諭之此日會文天祥于軍前忠義激烈分辨夷夏遂激北朝丞相之怒遂点差堅戰頭目守之

初十日樞使[illegible]堂納賂免行遂回是夕泊謝村

十一日吳堅[illegible]

祈請使行程記 嚴光大錄

德祐丙子二月初九日宣奉大夫右相吳堅自天慶觀方丈起

[illegible]閣門[illegible]通議大夫右相兼樞密使賈餘慶銀青光祿[illegible]樞密使

謝堂端明殿大學士中奉大夫祈請使劉岊[illegible]議郎守監察御

史[illegible]

[illegible]伯顏命留吳相[illegible]

[illegible]

[illegible]

日守之

初十日[illegible]是夕泊謝村

中路不可留令[illegible]沿舟[illegible]夜

[illegible]有[illegible]右[illegible]郎中[illegible]酒[illegible]入府治回

過一[illegible]有[illegible]國[illegible]大[illegible]鎮江府[illegible]

十七日過呂城[illegible]大[illegible]十八日[illegible]

[illegible]

閣本作泊常州十里鎮

十四日舟次平江府北官宣撫使就閶門接官亭令妓置酒待吴文二相不赴晚催登舟馬軍三百餘人沿塘護送至無錫縣

十五日舟次無錫是日帖木兒萬户生日四府俱送壽儀就三登倉橋帖木兒舞勸酒是夜泊常州十里鎮

十六日早舟次常州燬餘之屋無路殺死之尸滿河臭不可聞惟此最多次過奔牛鎮夜泊吕城白骨堆積如山

十七日早過吕城堰換舟至丹陽泊七里廟十八日行過新豐市遇一舟有北朝國師劉參政舉酒勸之次至鎮江府韓蘄王廟前有招討石祖忠招討張郎中攜妓樂獅豹勸酒迎入府治同帖木兒留客于府治後堂泊舟陽館後

十九日府第率衆官渡揚子江入瓜洲(州)見阿术平章留宴于禿魯萬户張郎中房子　二十日阿术元帥統諸臣從官同太皇太后續差到閤賛吳忠翊督戰孫通直賫手詔帶北朝馬數千往揚州至揚子橋砲聲連响(響)繼至城下一砲震天城上旗幟雲擁軍舡放划弓弩容如雨再一砲响(響)陰雲四合冷雨大作驟如傾盆勢不可進阿术平章(丞相)請回揚子橋茶飯罷入瓜州

廿一日雨雪大作疾風驟發江濤洶湧不敢發舟再泊瓜州

廿二日雪霽諸使回鎮江府

廿三日吳閤賛孫通直阿术平章欲命諸使親札勸(勉)揚州制置李庭芝納降衆從之獨文丞相不署名總而平章先索稿及諸

又務會黃人回又夜泊舟中

文丞相殘冢關城三日殘舊木見衣衣入寧濱寺畫陣卯十內

廿九日渡江夜泊舟中至夜文丞相題書三月初一日早六時

廿八日真會諸備夜宿鎮江府治

廿七日夜宿舟中

廿六日伯顏丈人自留舟回一夜宿舟中

廿五日夜泊舟中

廿四日夜宿鎮江府治夜泊舟中

舟中

夜乱成無甘司違其近分各有車馬記數時右游要正保夜宿

使札成無計可達其地分各有軍馬把截時有游騎出從(巡)夜泊(宿)
舟中
廿四日宴于鎮江府治夜泊(宿)舟中
廿五日夜泊(宿)舟中
廿六日伯顔夫人自臨安回　夜宿舟中
廿七日夜宿舟中
廿八日焦僉省諸使宿鎮江府(州)治
廿九日渡江夜泊(宿)舟中至夜文丞相脫去〇二月初一日早方知
文丞相脫(巴)去閉城三日搜覓不見收從人幹僕并管伴使千户
及總管等人困(日)之夜泊(宿)舟中

初二日宿于楊子橋圍内乘鋪馬
初三日宿灣頭午前有揚州都統姜才出戰士氣百倍其鋒不可當乃退
初四者過邵伯鎮徑行一堡闊六十里北軍屯戍又有水寨屯軍甚多内有小堡子六十餘所波羅相公阿里右丞在内宰馬置酒延待諸使忽報揚州北門軍馬擁出姜才分陣殺奪交傷不少相持半日及暮波羅相公以軍馬相距而退中路過廬州一卒云淮西廬州夏貴已於三月初三日投拜見賫降表至阿术平章處有軍馬數十護送蓋揚州未降故也晚宿荒屋内路上尸骨如山

[illegible]上

本平[illegible][illegible][illegible]一[illegible][illegible]十[illegible][illegible][illegible][illegible]王本[illegible][illegible][illegible][illegible][illegible][illegible][illegible][illegible]

一[illegible][illegible][illegible][illegible][illegible]王[illegible][illegible][illegible]三[illegible][illegible]三日[illegible][illegible][illegible][illegible][illegible][illegible]

不[illegible][illegible][illegible]年日[illegible][illegible][illegible][illegible][illegible][illegible][illegible][illegible][illegible][illegible][illegible]中[illegible][illegible][illegible]

[illegible][illegible][illegible][illegible][illegible][illegible][illegible][illegible][illegible][illegible][illegible][illegible][illegible][illegible][illegible][illegible][illegible][illegible][illegible]

[illegible][illegible][illegible][illegible][illegible][illegible]六十[illegible][illegible][illegible][illegible][illegible][illegible][illegible][illegible][illegible][illegible]

[illegible]日[illegible][illegible][illegible][illegible][illegible][illegible]一[illegible][illegible]大十[illegible][illegible][illegible][illegible][illegible][illegible][illegible][illegible]

[illegible][illegible][illegible][illegible]

[illegible]三日[illegible][illegible][illegible][illegible][illegible][illegible][illegible][illegible][illegible][illegible][illegible][illegible][illegible]十[illegible][illegible][illegible][illegible][illegible][illegible]

[illegible]二日[illegible][illegible][illegible]十[illegible][illegible][illegible][illegible][illegible]

[illegible]

[illegible]

[illegible]

[illegible]

[illegible]

[illegible]

[illegible]

[illegible]

[illegible]

[illegible]

[illegible]

初五日過天長縣宿荒草上坐以待旦有尸滿野

初六日渡天長河無舟滿河皆腐尸夜宿草（荒）地

初七日過寶應軍

初八日過招信軍至淮安界忽望見旌旗雲擁砲响（響）震天有數隊人馬出戰矢下（許）如雨乃呂文德兵馬親臨軍陣殺傷不少鉄木兒萬户集兵拒守及日晚方退夜遂屯（移）宿於荒草

初九日過江羅城渡清河口（至清河口）守渡衆官迎入軍治設宴出城宿舟中

初十日舟離清河口過小清河口七里莊轉河至桃源晚宿舟中

十一日宿舟中

十二日至宿遷縣俗（僅）有二三十家舟泊野岸

十三日舟行晚宿邳州城外邳州守（牧）離城遠接置酒作「樂」會衆官于草廬下夜舟泊圯橋子下即子房（椎）擊始皇博浪沙中副車遂逃于此子房進黃石公履即此橋也自此人皆戴笠衣冠別矣

十四日換舟諸官入邳城去看風俗城壁圯頽民居草屋（荒蕪）自此經過州縣只如此晚宿野岸

十五日早登滑陰屬徐州界道左有元祐間石麒麟院所立鎮碑是晚徐州府（守）臣攜酒至欽諸使夜宿舟中其日乃清明諸使

二十日[illegible]

四[illegible]天[illegible]

十九日[illegible]

[illegible]

[illegible]

十八日[illegible]

[illegible]

十七日[illegible]

十六日[illegible]

[illegible]

多傷感懷

十六日抵徐州換舟宿野岸

十七日舟行午過留城少泊父老云此是漢高祖封子房為留侯即此城是有廟碑記存焉是晚過九里

十八日次沛縣乃魯地也高祖起于豐沛去豐二十里沛民聞宋朝宰相等官至家家門首焚香迎拜申牌後過雞鳴臺晚次舟河口魚棠縣昔春秋隱公五年觀魚于棠即此地也

十九日舟行午至谷亭馬頭申時過魯橋有四洞水流甚急橋畔有四天王之祠晚宿魯橋

二十日易行李上车屬官皆乘舖馬酉牌抵新州夜宿縣治即

濟州也
廿一日車行酉過汾陽即郭令公所封之地夜宿于縣治
廿二日車行午至東平府夜宿嚴相公家。廿三日東平守置酒
高會于宣聖廟聖像雄偉殿宇宏麗去宣聖墓二百里一人云
墓有巨木皆三丈圍夜宿嚴相公府此處風俗甚好商旅輻湊(輳)
綿(絹)帛價目(極賤)十一路經過惟此為最
廿四日車行申抵茌(莊)平縣宿縣治
廿六日車行過合城鎮午過臨城鎮勝果寺有周紫世宗廟遺
像存焉自東平府積(生)聚頗繁麥畦桑畝一望不斷晚至高唐平
原縣係趙地戰國封平原君處夜宿縣治。廿八日車行至陵州

[illegible]
[illegible]
[illegible]
[illegible]
[illegible]
[illegible]
[illegible]
[illegible]
[illegible]
[illegible]

[illegible]
[illegible]
[illegible]
[illegible]
[illegible]
[illegible]
[illegible]
[illegible]
[illegible]
[illegible]

郡守迎諸使宴畢宿州治
廿九日易車行陵州西問（關）就渭河登舟午後過林鎮屬河間府
有梁山伯祝英臺墓夜宿于岸
三十日早行舟已抵灌縣界東光縣隹僉省置酒宴于縣治夜
泊野岸
閏三月初一日舟至長蘆鎮土人云小燕京盖人烟輻湊（輳）此地
産塩有塩運司鎮南有浮橋妓樂雜劇宴待諸使未牌舟抵興
濟縣酉抵青州夜宿舟中
初二日舟過（行至）清河鎮去海不遠夜泊鎮内。初三日舟過清河鎮
水（永濟）與（或）河海風大作吹沙走石是夜宿舟中

初四日早抵楊村歇于館驛焦僉省差楊村巡檢下鄉科民户
辦車三十兩（輛）夜宿驛内
初五日諸使宴焦僉省于驛中
初六日車行午過武清縣東有蒙哥（古）皇帝選命賢守牧民德政
碑進士趙崇選撰夜宿州治
初七日車行過王臺鎮四望桑麥青〻午過分頭土人云此地
甚冷五月方可養蚕（麥）苗長不滿三寸六月方食麥次抵德仁府
此地屬瀛陰縣
初八日拂明諸使率官屬詣德仁府永壽寺啓建太皇壽崇聖
節道場退宰執來議勘會國信所禮物已近燕京護送官吏扛

犒兵級併秪候人各與給賞須議旨揮犒 指

護送禮物官

徐用禮特與轉行武功大夫帶御器械知高州

日記官

嚴光大特與轉武翼郎閤門贊添差福建路馬步軍副總

曾福州駐劄

大通事高舉特與轉武經郎帶行環衛官添差西路副總

曾臨安府駐劄

尚書省都事吴慶用特轉朝奉郎添差通判潮州賜緋

尚寶省録事朱仁舉特轉奉議郎添差通判惠州事賜緋

行以

中書省錄事沈庚會特轉奉議郎「添差通判處州事賜緋

尚書省令史陳允〔充〕謙特轉宣教郎

樞密院丞旨胡𥜥特轉武功郎添差浙東「路」兵馬鈐轄

國信所掌儀詹困轉武功郎浙東路分紹興府駐劄

専庫龔友諒陸鎮各轉承信郎

直省所劉某鍾應辰沈文亨鍾大有各轉承信郎

諫〔陳〕聰姚安國石寶林恢各補進義授〔校〕尉

扛擡禮物節級等各有犒賞

初九日甲辰過大興縣至滂村宿是日賈相病

初十日馬入燕京陽春門諸色妓樂等袛候迎入會同館

十二日[illegible]

十一日[illegible]

[illegible]

從閣本補

焦叅政勸酒館内歇来遠堂
賈右相家叅政歇于穆賔堂右
吴劉二相歇于穆賔堂左屬官分歇後堂從者分歇前兩廊此館係大金四大王府今改為驛兩廊有八十餘間酒食米菜之類專委斷事官分撥輪到各責同知排辦齊整厨子工夫等人分房祗直每日委監察御史等官覺問逐一宣問茶飯好歹

賈相病仍宿館内

十一日樞密院差軍卒數十人守館内賈相病重仍宿館内

十二日夏貴至歇来遠堂之右隨行帶領将佐三百餘人都人聚觀哂之

十三日樞密院差太醫診賈相脉投石膏散而病愈篤

十四日賈相薨衆官大慟

十五日巳時賈相自會同館後門出殯諸官出麗正門燕京大興総管府排辦神道綵亭中餘座鼓鈸幡盖之類送至洞神觀側殯焉

十七日諸使祭賈相于洞神觀

十八日鉄木兒萬户宴諸使

十九日諸使同屬官至樞密值兩入麗正門由右手叅張平章陳叅政會少保夏貴端明呂師寳都統洪模并宰執屬官少保官屬同宴張平章問吳相郊祀典禮儀仗制度等事陳叅政以

宜[illegible]
[illegible]
十九日[illegible]
十八日[illegible]木[illegible]
十七日[illegible]
衙[illegible]
與[illegible]
十六日[illegible]大
十四日[illegible]大[illegible]
十三日[illegible]

丞相所言詳細答之席終而回

二十日諸使點視禮物

廿一日伯顔丞相回語使出接有大旗書天下太平四字

廿三日伯顔工開平府

廿四日諸使出陽春門迓太后嗣君于五里外起居隆國夫人

王昭儀新安宮正新定安康定夫人天眷福王沂王謝樞密

駕車大小九十三兩大小宮使六十餘人張知府濡繼至有

緑妓樂神鬼清樂戴珠翠衣銷金乘馬而坐旗隊鎗刀金鼓

迎接入燕京隨駕下車入中堂内垂簾而坐諸使屬官立班

拜後班稍側又兩拜退

廿五日諸使訪謝樞密沂王
廿六日吳丞相劉參政宴謝樞密等官
廿七日禮物官屬食于宴樂園
四月初一日諸使率屬官詣會同館起居兩宫
初二日焦僉省來訪諸使
初三日諸使會議祈請事宜
初四日諸使宴焦僉省
初五日諸使訪樞密院陳參政
初六日諸使訪趙同僉
初七日僉省來訪諸使

[illegible]十日[illegible]

[illegible]大日[illegible]

[illegible]日[illegible]

[illegible]日日[illegible]

[illegible]川日[illegible]

[illegible]川日[illegible]

日[illegible]

中十日[illegible]

中大日[illegible]

中[illegible]日[illegible]

初八日詣使[illegible]府宿[illegible]呈[illegible]本[illegible]見右一[illegible]
入賞觀口道衆入百人
初九日謝[illegible]王[illegible]詣使
初十日中[illegible]詣使講[illegible]日
十二日詣使及百[illegible]
送[illegible]入[illegible]甲[illegible]
十三日車馬行[illegible]日[illegible]口
十四日車馬行[illegible]
十五日[illegible]大[illegible]福王[illegible]京[illegible]
[illegible]

初八日諸使率屬官詣長壽宮滿散崇壽聖節本觀見有一真人掌觀内道衆八百人

初九日謝樞密沂王宴諸使

初十日中臺訪諸使議赴上都日子

十二日諸使及官屬乘鋪馬出通玄門晚抵昌平站自此以往步步皆沙漠之地省院諸色人點差一甲随行餘留燕京

十三日車馬行晚宿榆林跕是日過隘口

十四日車馬行晚宿懷來站

十五日晚宿洪站是日太后嗣君福王沂王謝樞密離燕京亦赴上都

十六日離洪站十里到雲州無城一閧人家過州二十里地名
龟門山峭壁對峙有神靈甚是晚宿雕巣站
十七日車馬行晚宿獨石站自昌平站至獨石站無墻草廬皆
是漢兒官人曾待名漢兒站
十八日宿牛群站此去乃草地(此乃)是韃靼家官人曾待名韃靼站
並無房子只是毡帳韃靼人多吃(喫)馬牛乳羊酪少吃飯飢則食
肉路中每十里一急遞鋪九州自此通路去
十九日晚宿明安站有床帳無人家
二十日宿凉亭站亦無人家無水可吃(喫)取水于十里外只燒馬
糞

廿三至廿七不絕年紛行本錄
水現虛者發及行虛星兩頭大疫數萬西
屬德茂三日及日圍土藩與疫今每年三月皇帝過此避暑
條上以木條插燕西次以殺盡工石種家木留發此入有宛
積可以生家年四月有清風脈林小多以宛涼西風燕屬津進宛涼大
書有雨雪入家不成開門半年來宛入西且暑白東宛教今雪
極冷六月結冰五六月猶凍去冰六月寒氣袤凡大一年四季
街宿於官廨宿至上都入百里一堡高一丈井深數十丈水
廿二日申時行四十里至上都開平府入昭德門泊城西南三
廿一日酉時三刻地震入夜

廿二日宿李三站無人家

廿二日車馬行四十里至上都開平府入昭德門泊城内第三街官房子自燕京至上都八百里一步高一步井深数十丈水極冷六月結氷五六月猶汲起氷六月雹如彈丸大一年四季常有雨雪人家不敢開門牛羊凍死人面耳鼻皆凍裂秋冬雪積可至次年四月方消屋宇矮小多以地窟為屋每掘地深丈餘上以木條鋪為面次以茨盖上仍種麦菜留竅出入又有地屋掘地三四尺四圍土墻此地極冷每年三月皇帝過此避暑氷塊厚者数尺夜瞻星象頗大地勢高也

廿三至廿七不許私行不録

廿八日太后嗣君官人宮使至明德門內官舍安歇福王子傳
制在陰國處安泊謝枙客在房子下夫人留伴燕京會同館沂
王以疾不入城
廿九日沂王疾亟
三十日枙客院以月旦日請太后嗣君福王同宰執屬官宮人
中使並出西門外草地望北拜太廟
五月初一日早出西門五里外太后嗣君福王陰國夫人中使
作一班在前吳堅謝堂家鉉翁劉岊并官屬作一班在後北邊
設一紫錦罘罳即家廟也廟前兩拜太后及內人各胡跪福王
宰執如南禮又一人對罘罳前致語拜兩拜而退

初二日太后嗣君福王隆國夫人中使等天曉盡出南門十餘里宰執同屬官亦列鋪設金銀玉帛一百餘桌在草地上行宮殿下作初見進貢禮儀行宮殿宇宏麗金碧熀耀諸妃諸王俱升殿捲簾列坐皇帝皇后共坐留中諸王列坐兩序太后嗣君福王宰執以次展裹腰金服紫屬官緋綠各依次序立班行朝甚肅

皇帝云不要改變服色只依宋朝甚好班退陞殿再兩拜就留御宴皇帝問吳丞相云汝老矣如何為丞相領事答云自陳丞相以下遁去朝廷無人任職無人肯做故臣為相未久念臣衰老乞歸田里

錢唐遺事卷九終

從閣本補

錢塘遺事卷之十

武陵劉一清編

赴省登科五榮須知

兩覲天顔一榮也臚傳天陛二榮也御宴賜花都人歎美三榮也布衣而入綠袍而出四榮也親老有喜足慰倚門之望五榮也

省試

正月二十五日午間鎖院至晚宣押省試官入院試前一日省試院引保或不用親臨只責之書鋪（溫此無害）書鋪納卷鋪例五千自裝界卷子與之或只二千無定價也宗子又有一宗文字頗多非

[illegible]

正月二十五日午間[illegible]

[illegible]

丙[illegible]

[illegible]

古杭劉一清編

錢塘遺事卷之十

四千不可特奏名納巻亦三千〇二月初一初二初三日引試詩
賦人〇初五初六初七日引試經義人〇初九初十十一日引試宗
室鎖廳〻舉人混經賦為一場十三十四日引試取應宗子別
試所則又遲經義場一日乃初六初七初八日也省試案子不得
以方州移動挟書傳義皆所不可巻中自有第幾幕印子収納
士人自書治經鄉貫姓名押字于曆上若昏黑曆子収去無曆
可書有大利害

御試給號

試前數〇日書鋪告報士人請號納巻鋪例五千因鋪家巻子
兼得御試須知一本禮部給正奏名進士號次日給特奏名及

四川進士三色宗子號書鋪知委体例三百錢與之索添不過

三百請號之日士人天未明到書鋪黎明而裀幞入都書鋪引

入尚書省執據案坐于庭中設桌子及曆于吏部依省榜次第

喚姓名而前逐人自書姓名押字于曆記則得號一枚吏既與

之號則唱而戒之曰牢收歸入殿不得搪突號以白紙半片為

之有字數行尚書侍郎郎中皆衔押字及有中官某人監集英

殿門試日以其號照入殿門一失其號則不得入矣

丹墀對策

廷試之日士人由和寧門入徐行執號樂衛士收數成行而入

至集英殿門外中官展視而收之殿外掛混畨於露天甚高

夂天大明了然分明知位次士人聚于殿門外待百官常朝畢方引士人進拜列于殿下宰臣進題上覽焉天子臨軒天顏可瞻起居賛曰省元某人以下躬拜再拜又躬身而退各依坐圖行列而坐每位有牌一枚長三尺冪以白紙已書其人某鄉貫或（東）西廊第幾人不得移動及汚損坐定中官行散御題士人皆以御題錄于卷頭草紙上以黃紗袋子垂係于項上若有損汚謂之不恭納卷所不收受散題後駕已興入內進膳賜食于士子太學饅頭一枚羊肉泡飯一盞食畢不見賜謝恩或要登東作旋則抱牌捲卷子而往衛士相引而去亦不甚遠既坐而試不得與隣坐（座）說話中官從官雜處董之宰執巡行至申時天子

復臨軒納卷于殿廷東廡階下之寨（幕）中一中官監視收其牌及
御題卷子亦不容人臨時于納處展視若至昏時則見傳者（有）云
已不在黃甲矣士人每出一門必書姓名于門東歷四門皆書
姓名押字出時無號無人押行亦不待人齊出

擇日唱第

皇帝御集英殿唱名非有他殿只掛集英殿牌于殿前特奏唱
名則于數日之後先唱名數日書鋪又告報請號禮部又散號
一如廷試給號之禮又（及）得號視之乃前日所收之舊號也但於
其上用紅印書入集英殿試訖中官姓名押小字一行耳仍戒
曰牢收號入殿不得搪（唐）突書鋪告報之人又有所求先量支少

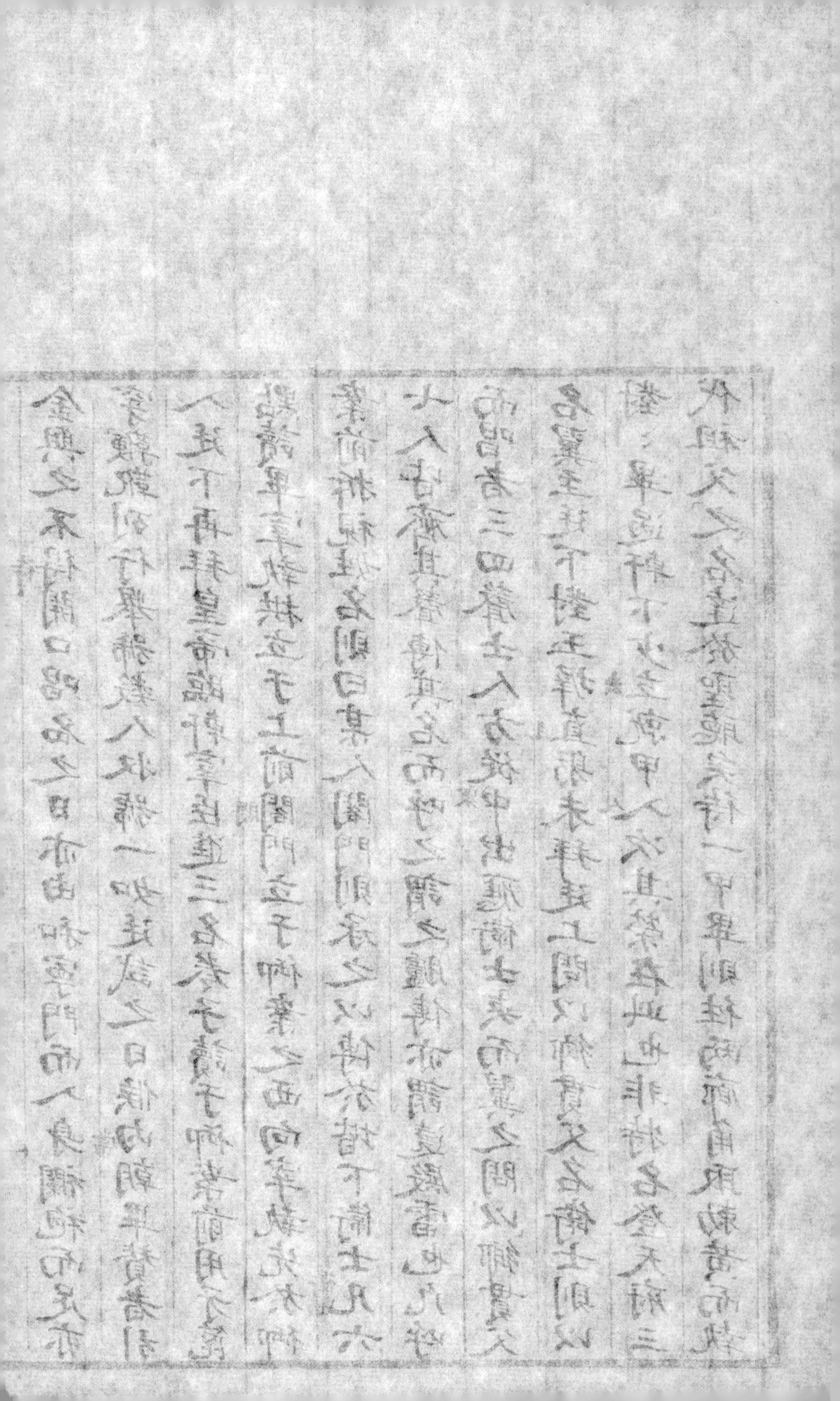

[illegible]

[illegible]

[illegible]

[illegible]

[illegible]

[illegible]

[illegible]

[illegible]

[illegible]

[illegible]

金輿之不得開口唱名之日亦由和寧門而入身襴袍而足亦穿鞾靴列行舉牓數人叔號一如廷試之日候內朝畢贊者引入廷下再拜皇帝臨軒宰臣進三名卷子讀于御案前用牙籤點讀畢宰執拱立于上前閤門立于御案之西向宰執先於御案前拆視姓名則曰某人閤門則承之以傳於堦下衛士凡六七人皆齊其聲傳其名而呼之謂之臚傳亦謂遶殿雷也凡呼而唱者三四聲士人方從中出應衛士夾而翼之問以鄉貫父名翼至廷下對玉墀直躬未拜廷上問以鄉貫父名衛士則以對々畢過軒下少立就甲入次其榮在此也非特名登天府三代祖父之名達於聖聽矣待一甲畢則往兩廊角取勅黃而執

之甲內人齊則廷上呼謝恩士人廷下立躬身再拜而退立
軒下狀元則便獨班謝恩不待甲內齊也自第二名第三名
一班便賜食相身為袍各設位賦詩以答皇恩后第四名至
名為一班第二甲全甲為一班謝恩皆執勅黃而立勅黃用
紙兩幅連粘大書某人等宜唱某等科第狀元至第二甲終皆
曰宜賜進士及第第三甲第四甲終皆曰宜賜進士出身第五
甲則曰宜賜同進士出身勅黃可漏子又長于勅黃一尺唱第
二甲盡駕興入內進膳須臾賜進士食三品赤焦肉餅二枚天
花餅二枚只是素餅羊肉飯一盂并羊羹飯肉有鹽粉皆三品
并至上方趂衛士已將下三甲名字來排當士人兩衛士管一

紙一紙書十五人名字皆先自喚集排當資次仍問鄉貫父
審畢候上復出殿上一呼某人則衛士已夾其人而進於前
貫而進亦候一甲齊方拜謝恩授黃勅有恩例升甲人則當(陛)
上宣示上旨某人有某恩合升(陛)一甲末所以方走唱名之人陛
有恩例亦不可自升(陛)甲蓋升甲面(人)授(上)出旨當殿謝恩故也若無
升甲恩之人不入赴唱名傳者曰待二年外方許到却唱至第
五甲上亦入少憩須之待出唱第五甲畢士人皆執勅黃再拜
殿上傳曰賜進士袍笏袍笏積於殿外之南(兩)廡下士人出殿門
於上廊爭取之往往(有)不暇脫白襴而便就加綠袍于其上(者上)其正
賜淡黃絹衫一領袖如綠袍之寬大淡黃絹帶一條綠羅公服

夲狀元入局之初依全賜錢一千七百貫及諸公納到助小録錢亦一千三百貫有奇三狀元入局五日職事官入局〻中以職事官名申臺部十日後正謝正謝日係太史臺擇日亦謂之

門謝禮用牒表

皇帝及東宮牒表隔日計會閤門通進表中止用三狀元名銜正特奏同日而謝是日亦由和寧門而入在常朝殿門外北面

天顔贊者引唱躬拜再拜而退門外有立仗馬及衛士等衛士唱喏畢馬退士人方列班而拜〻君之門而已越二日拜黄甲於貢院黄甲者由省中降下唱名既畢省中以其所升甲之人附於甲末用黄紙以書之故謂之黄甲是日貢院設香案於廷

從閣本補

下狀元引五甲內士人拜香案禮部亦遣官來贊導置黃甲
案中望闕拜〻畢士人列兩廊其日擇一人最少者上堂拜大
魁大魁亦答拜而退人吏以紙筆請各書姓名依黃甲排與匠
者鐫於題名石是日謂之敘同年拜黃甲也特奏不得預焉越
四五日鄉人之官于朝者為鄉會以待鄉中之新第者越三日
赴國子監謁謝先聖先師祭前三日狀元點差職事官十四員
監禮官彈壓職事之不恭者奉禮官跪于先聖先師奉幣進之
於獻官太官酌酒以進之于上三獻官太祝讀祝〻分獻官十員
分獻于十哲及兩廊賢臣一人分獻十五位每位皆三拜搢笏
興伏拜起皆贊者導之禮畢而班退贊者皆太常寺差來越三

一領笏一面士人披衫條帶未畢則殿上催謝恩謝恩罷拜□
出紫綠相問環（璀璨）堵可觀紫袍牙笏以取左宗子拜所賜也擁而
趨出門頭亦不待書名字蓋前日秀才今日官人五榮之中此
屬其最唱名時不可一聞姓名遽然而出尤當（加）詳緩之為佳唱
畢既出至大門外人備本馬以須其出者十有五六若自有本
馬雖不用支散然群不逞隨之呵殿元者數十為隊所費亦不
貲不若只行出內門前茶店中待其人散（疏）徐行歸耳狀元榜眼
探花須皆與上馬蓋臨安府自備馬以待之也

置狀元局

狀元一出都人爭看如麻第二第三名亦呼狀元是日迎出便

入局〻以別試所為之謂之三狀元局中謂之期集所大魁入
局便差局中職事一一由狀元點差牒請

糾彈　牋表　小録　掌儀

客司　監門　計掌器　掌酒果

多者至五六十員少者亦不下四十員視事官送牒例皆二十
初第人多喜入局得陪侍三狀元與諸同年款密他日仕途
遇便為傾蓋常例五日一會食否則日中有酒杯點心果子二
色局中職事官雖多入局而食者常半之食罷出入無妨三
元常宿於局中不可出宿於外月餘而罷局凡預局中職事
員納小録題名錢非職事官須納錢五千而後得小録題名一

日局中職事官下湖運司做二大舟局中連三狀元凡七八十
人分坐於兩舟酒數行借張侯之真珠園散步侯家亦有餽馬
其例也薄暮艤舟於玉壺園而竟席○書鋪告示越十日引正奏
名黄甲士人射上自按試于講武殿次日賜聞喜宴於貢院齋
而後押宴官率官屬及進士列拜于廷[庭]下面闕設香案侍從及
貼職官皆預[與]焉凡拜五舞蹈其節有四共十拜也拜訖正奏名
坐于東廊特奏名坐於西廊立六如之小黑桌子坐則青甃果
子人各四器望果一器望花一朵醯醢列於前初坐先斟酒不
下食三行「不一食」第三酌下旋鮓一楪第四第五皆有食以配
酒五行而中歇人賜宫花四朵簪于幞頭上花以羅帛爲之從

人下吏皆得賜花又有例賜氷再望分與士人又到班庭下再拜謝花簪而謝之兼坐帶花又四杯而竟席前筵羊半體七寶頭羹並皆奇品初坐則以銀臺盞酌再坐則易以銀巵共九行而飯則粟米為之宴畢不用謝恩退皆簪花乘馬而歸都人皆避其赴御宴回也次日局中自用錢作期集所會遵前例也六七杯正奏名皆赴馬六就貢院為之越十日集註是日天拂曉袍笏書鋪引入部前數日部中先榜於闕亭書鋪録示新第人先擇其願授者而書於笏及入部郎中坐庭中以殿榜資次而呼前廷上唱曰某人官人上階揖問曰願受甚處鈌對郎中視簿合受則揖廡下書簿中某人願授某州某官鈌而退三狀元

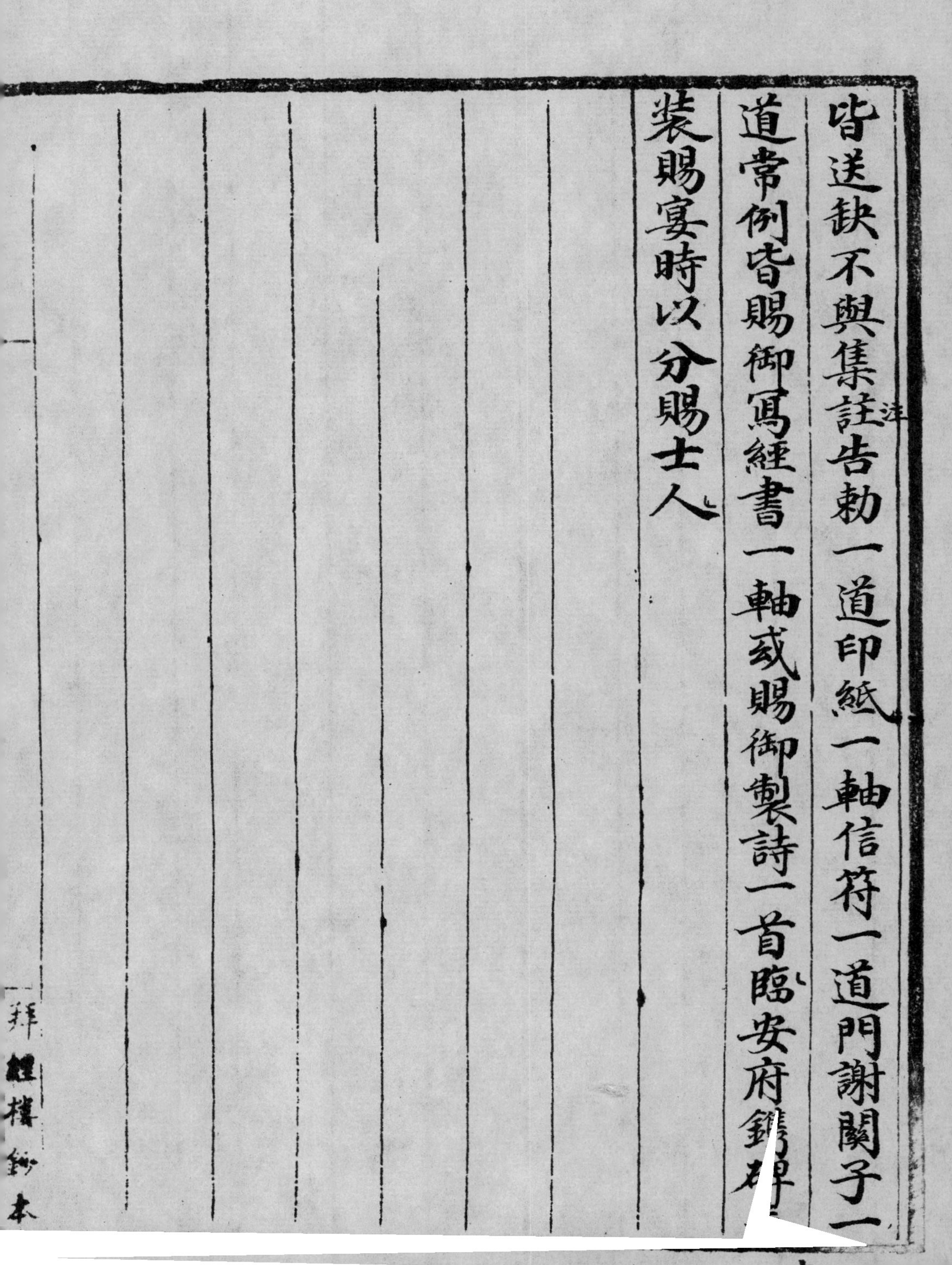

皆送訣不與集註告勅一道印紙一軸信符一道門謝闕子一

道常例皆賜御寫經書一軸或賜御製詩一首臨安府鋟碑

裝賜宴時以分賜士人

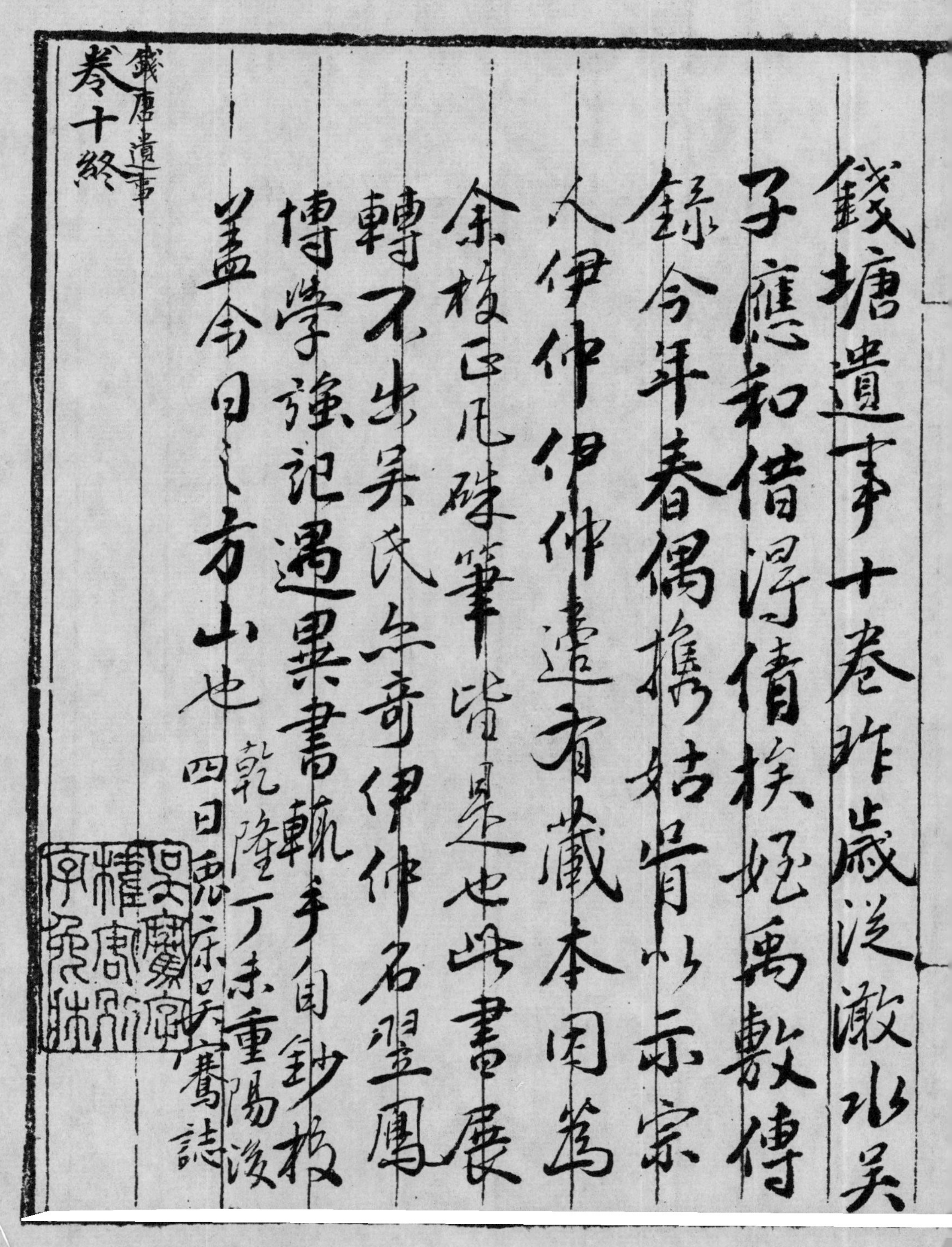

錢塘遺事十卷昨歲從歙北吳子應和借得倩族姪禹數傳錄今年春偶攜姑胥以示宗人伊仲伊仲遂有藏本因爲余校正凡硃筆皆是也此書展轉不出吳氏亦奇伊仲名翌鳳博學強記遇異書輒手自鈔校蓋今日之方山也

乾隆丁未重陽後四日兎床吳騫誌

錢唐遺事卷十終

有宋遺民臨安劉一清誤錢唐遺事十卷世無刻本陶南邨説郛載之僅得數條今夏寓吳門購得是書蓋從文淵閣鈔出猶是足本但書經三寫誤脱甚多既歸訪兔牀明經于小桐谿明經出舊鈔本見示曾經吳中吳伊仲手校者頗爲精詳遂借至津逮舫中互相勘正并録明經跋語時方秌半爽氣迎人遣偕明經游杭連舫共泊對酌論文連日登山臨水閲市訪舊殊多樂事一夕徐步玩月坐横河橋共談錢唐遺事娓娓忘倦明經復誦岳倦翁玉楮集詩數章不禁感慨係之歸途校畢備載于此嘉慶十年秌八月既望陳鱣記

有宋遺民臨安劉一清撰錢塘遺事十卷世無刻本陶

南邨說郛載之僅得數條今夏寓吳門購得足本書賈從

文瀾閣鈔出循覽是本但書至三卷訛脫甚多頗難讀

免(?)林明經于小桐谿明經出舊鈔本見示遂與中孚

伊仲中手校者頗為精詳遂借至津逮齋中互相勘正并

錄明經跋語時方[illegible]東迎入[illegible]皆明經[illegible]杭連舫

共酒酌論文連日登山臨水閱市訪書殊多樂事一

之餘共玩月坐河橋共談舊遺事追[illegible]作明鑑

復誦[illegible]詩王格集詩數章不禁有觸於心歸遂校畢

閱載于此嘉慶十年八月既望陳鱣記

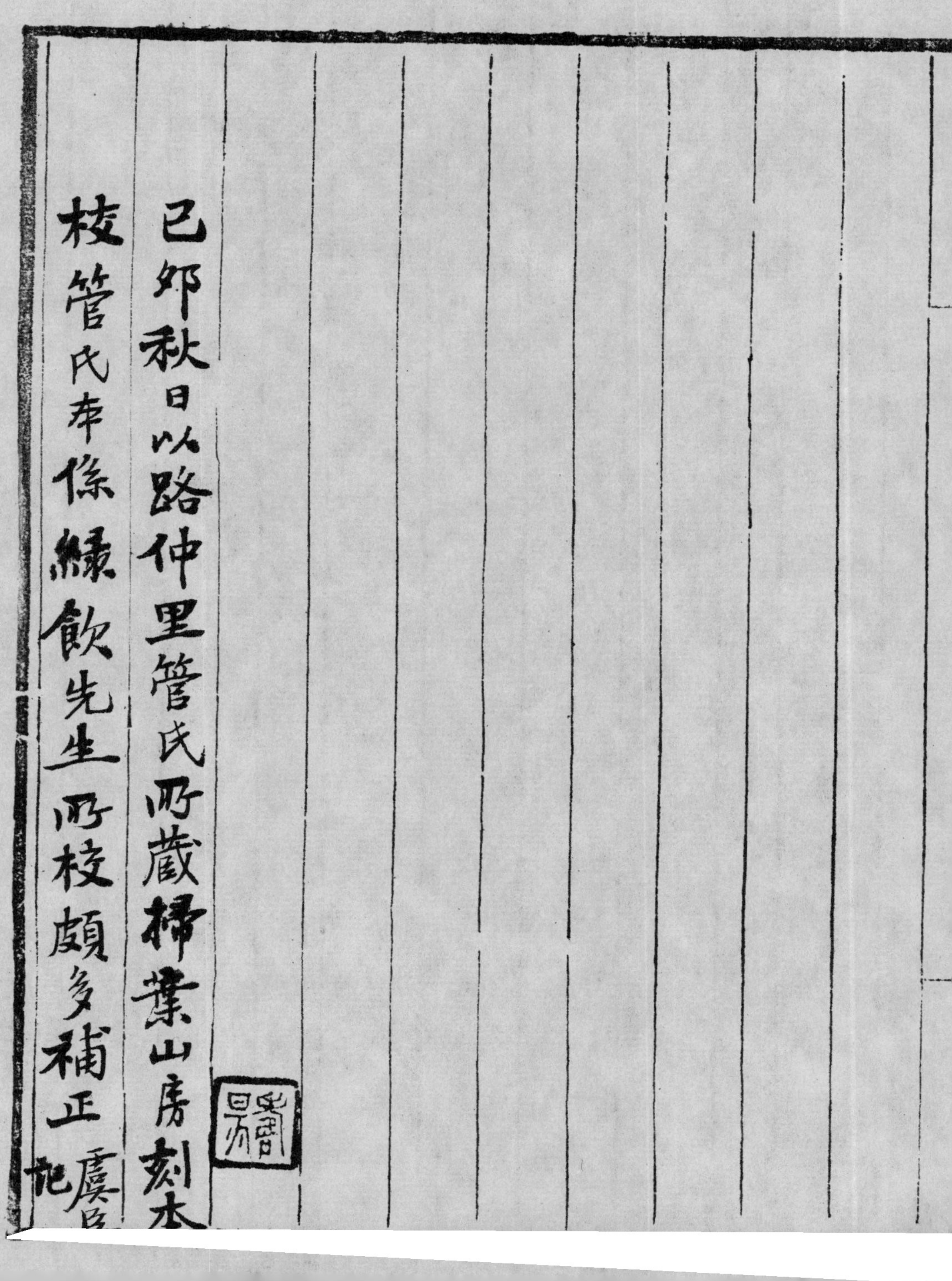

已卯秋日以路仲里管氏所藏掃葉山房刻本

校管氏本係緑飲先生所校頗多補正 虞臣記

余家舊藏鈔本錢唐遺事係枚庵先生校閱又經簡莊先
生從閣本覆校頗有補正頃歲路仲里管芷湘茂才以掃
葉山房刊本假余内有黄筆校勘處最為精細以視此本
字句間又補正數十處其脱落之文如十里荷花一則脱長
江之愁下然卒為金主云云二十三字春晝長下脱燕子
歸来云云二十九字題白塔橋一則脱開首驛路有白塔橋
云云三十字非得此本幾不可讀又祈請使行程記初十
日後刊本及是本均接十四日刊本内有墨筆一紙補錄
十一日吳堅等四人乞封贈文天祥自北寨登舟同鈇木兒

萬戶至會于唐西寺十二日早行夜泊道人場十三日夜
泊上墩三條以排日計之自應有此三日事且按前書德
祐丙子二月初九日吳堅送賈餘慶登舟下云是日會文
天祥于軍前議事激烈遂激北朝之怒點差堅戰頭目守
之乃自十四日後文相事屢見夫既為伯顏所留安得有
同舟以下諸事又十五日帖木兒萬戶生日亦覺突見得
此上下文方聯屬疑義始釋然矣細觀所補之條乃緑飲
先生手筆知是知不足齋藏本惟前後無題識未詳從何
本校録俾知源流所自耳因還書以告芷湘並識此以志幸

庚辰秋日壽暘又書

圖書在版編目（CIP）數據

錢塘遺事：一函一册 /（元）劉一清撰．—北京：國家圖書館出版社，2023.8

（錢塘文庫）

ISBN 978-7-5013-7309-3

Ⅰ．①錢… Ⅱ．①劉… Ⅲ．①中國歷史－筆記－南宋 Ⅳ．① K245.066

中國國家版本館 CIP 數據核字 (2023) 第 057461 號

國家圖書館出版社
官方微信

書　　名	錢塘遺事（一函一册）
著　　者	(元) 劉一清 撰
叢 書 名	錢塘文庫
叢書著者	浙江財經大學宋韵文化研究中心 編 周保欣　和 溪　主編
責任編輯	黄 鑫
出版發行	國家圖書館出版社（北京市西城區文津街 7 號 100034） （原書目文獻出版社　北京圖書館出版社） 010-66114536 63802249 nlcpress@nlc.cn(郵購)
網　　址	http://www.nlcpress.com
排　　版	揚州文津閣古籍印務有限公司
印　　裝	揚州文津閣古籍印務有限公司
版次印次	2023 年 8 月第 1 版　　2023 年 8 月第 1 次印刷
開　　本	292 × 179　1/8
印　　張	13.25
書　　號	ISBN 978-7-5013-7309-3
定　　價	380.00 圓